Schene Salih-Yilanci

Spiele zur Unterrichtsgestaltung

# Philosophie

Verlag an der Ruhr

# Impressum

**Titel**
*Spiele zur Unterrichtsgestaltung* – **Philosophie**

**Autorin**
Schene Salih-Yilanci

**Umschlagmotive**
v.l.n.r. © Jacob Lund, © Ociacia, © Monkey Business Images, © David Moreno Hernandez, © Sergii Gnatiuk, © Phovoir, © Proxima Studio – alle Shutterstock. com

**Kapitelvignetten im Innenteil von 1–7**
© Lalandrew, © melitas, © Ground Picture, © Siberia Video and Photo, © Jakob Fischer, © megaflopp, © Screeny – alle Shutterstock.com

**Illustrationen Icons**
© Mik Schulz

**Lektorat**
Melanie Schölzke

**Druck**
AZ Druck und Datentechnik GmbH, Kempten, DE

**Verlag an der Ruhr**
Mülheim an der Ruhr
www.verlagruhr.de

**Geeignet für die Klassen 5–13**


**ISBN 978-3-8346-6001-5**

# Inhaltsverzeichnis


*Vorwort und didaktische Hinweise* .......... *4*

**Kapitel 1 – Die Frage nach dem Selbst**
Wer bin ich? .............................7
Den Körper spüren ........................8
Steckbrief „Meine Hand" ..................9
Wer werde ich sein? .....................10
Die Zeit läuft ab! .......................11
Der Boden ist Lava ......................12
Werte-Bingo – Was ist mir wichtig? .......13
1-2-3-4-Werte ...........................16
Psycholog*innen in der Psychiatrie ........17
Freiheit und Unfreiheit ..................18
Glücksspiel .............................20
Süchtig ohne Stoff? .....................22

**Kapitel 2 – Die Frage nach dem Anderen**
Paare finden ............................23
Wie siehst du das? ......................27
Albatros-Insel ..........................28
Stereotype abbauen – Beobachtung vs. Bewertung .............30
Bewegungsspiele .........................32
Das Asch-Experiment ......................33
Eine Streitsituation lösen ................36
Fantasiereise – Das Fremde erkunden .....37
Interkulturelles Mau-Mau ..............40
Schere – Stein – Papier ..................45
Luftballon hochhalten ....................46
Star und Leibwächter*in ..................47
Positionslinie ...........................48
Die Insel und die neue Gesellschaft .......50

**Kapitel 3 – Die Frage nach dem guten Handeln**
Milgram-Experiment ......................53
Moralische Dilemmata ....................56
Zwischen zwei Stühlen ....................62
Gerüchteküche ...........................63
Gewalt oder keine Gewalt? ...............65
Gefangenendilemma .......................67

**Kapitel 4 – Die Frage nach Recht, Staat und Wirtschaft**
Wertebootsfahrt .........................68
Armut, was dann? – Fäden ziehen ........70
World-Café ..............................71
Geheimschrift der Globalisierung .........76
Bonbontüte – Gleichheit vs. Gerechtigkeit...79

**Kapitel 5 – Die Frage nach Natur, Kultur und Technik**
Ich packe meinen Klimakoffer und nehme für den Klimaschutz mit ... ................81
Umweltschutz: Eis – Land – Meer ........82
Soapbox .................................83
Buchstabensalat .........................85

**Kapitel 6 – Die Frage nach Wahrheit, Wirklichkeit und Medien**
Welche Mütze habe ich auf? ..............88
Welche Feder habe ich auf dem Kopf? ....90
Knobelaufgaben ..........................92
Streichholzrätsel ........................94
Drei Geschichten, zwei Wahrheiten und eine Lüge ...........................96
Ich glaube, ich weiß, was ich meine ... .....97
Logische Schlussfolgerung ................99
Sudokus ................................101
Stille Post – Wie verändert sich eine weitergegebene Information? ..........106
Hörspiel produzieren ....................107
Fishbowl-Diskussion .....................109
Höhlengleichnis – Schatten, Feuer und Licht ............................115
Das Auge spielt Streiche .................117
Schattenköpfe ..........................121

**Kapitel 7 – Die Frage nach Ursprung, Zukunft und Sinn**
Buchstabendschungel .....................122
Religions-Tabu ..........................125
Wer kann religiöser? ....................128
Sinn-des-Lebens-Abc .....................131
Domino der Schöpfungsgeschichte .......133
Frage sucht Antwort .....................136
Kick das Wort ...........................139

*Quellen und Medientipps* ................. *141*

# Vorwort und didaktische Hinweise

## Liebe Lehrkräfte,

„Ich kann niemandem etwas lehren, ich kann sie nur zum Denken bringen", sagte einmal Sokrates. In diesem Sinne möchte ich Ihnen gerne in diesem Buch Spiele sowie auch Experimente und Projekte vorstellen, die Ihre Schülerschaft zum Nachdenken bringen. Diese Vorschläge für Ihren Unterricht haben oft mit Bewegung, Spaß und Partizipation zu tun – all dies ist förderlich für die Lernbereitschaft, die intrinsische Motivation und den Teamgeist Ihrer Klasse. Ihre Schüler*innen[1] erfahren durch diese Stunden neue Motivation. Sie werden Ihren Unterricht mit Freude besuchen und sich gern an diesen zurückerinnern.
Gönnen Sie Ihrer Schülerschaft, aber auch sich selbst solche lockeren und gelösten Lernstunden. Sie erhalten in diesen ebenfalls Gelegenheit, Ihre Schüler*innen anders kennenzulernen. Interessant ist es, diese Personen immer wieder ebenfalls auf der Metaebene zu beobachten – also dabei, wie sie in Gruppenarbeiten und bei kleinen Wettkämpfen handeln. Viele Übungen in diesem Buch ermöglichen ein soziales wie auch ganzheitliches Lernen in Peergroups.

### Bewährtes neu zusammengestellt

Die Inhalte des Buches sind eine sinnvoll zusammengestellte Sammlung bewährter Spiele, Experimente, Übungen und Co. Sie dienen der Erweiterung der Handlungsmöglichkeiten und der Begegnung mit neuen Unterrichtssituationen. Teilweise werden Sie erprobte Unterrichtsklassiker in abgewandelter Form wiedererkennen oder beliebte Gesellschaftsspiele, die nun mit Lerninhalten verbunden sind.

Angelehnt an den Lehrplan für das Fach Praktische Philosophie wurden alle im Buch unterbreiteten Vorschläge mit Blick auf die vom Lehrplan vorgegebenen Bereiche des Philosophieunterrichts ausgewählt und an diese angepasst – in den verschiedenen Bundesländern kann das Fach eine andere Bezeichnung haben. Praktisch ist: Die Methoden lassen sich recht einfach ebenfalls auf andere Unterrichtsthemen anwenden. Sie können viele der vorgestellten Ideen mit Ihren Schüler*innen auch erweitern beziehungsweise variieren. Und Sie können sie anwenden, um bisherigen Unterrichtsstoff mit Spaß zu wiederholen.

### Vielfalt und Freude am Lernen

Sie werden bei der praktischen Umsetzung der Buchinhalte sehen: Die Spielideen haben eine positive Wirkung auf die Lernatmosphäre in der Klasse. Das liegt nicht nur, aber auch daran, dass unterschiedliche Fähigkeiten und Fertigkeiten der Schüler*innen gefordert werden: Mal geht es um kniffelige Rätsel und die Merkfähigkeit, mal um Wissen, dann wieder sind Argumentationsfähigkeit und Kreativität gefragt. Auf diese Art werden verschiedene Lerntypen angesprochen. Zudem werden durch viele dieser Übungen beide Gehirnhemisphären angeregt und dadurch mehr Leistung erbracht.

[1] Der Verlag an der Ruhr legt großen Wert auf eine geschlechtergerechte und inklusive Sprache. Daher nutzen wir das Gendersternchen, um sowohl männliche und weibliche als auch nichtbinäre Geschlechtsidentitäten einzuschließen. Alternativ verwenden wir neutrale Formulierungen. In Texten für Schüler*innen finden sich aus didaktischen Gründen neutrale Begriffe bzw. Doppelformen.

# Vorwort und didaktische Hinweise

## Den Unterricht unkompliziert anreichern

Dieses Buch bietet Ihnen die Möglichkeit, schnell und unkompliziert auf Inhalte und Arbeitsblätter zurückzugreifen und spontan Spielideen in den Philosophieunterricht einzubringen. Es beinhaltet zudem Kopiervorlagen, die Sie für Ihre Schüler*innen vervielfältigen können. Manchmal ist es von Vorteil, diese zu laminieren.

Gelegentlich begegnen Ihnen in dem Buch zeitaufwändige Anregungen, die eine Vorbereitung erfordern. Umgekehrt benötigen einige der Übungen allerdings auch überhaupt keine gesonderten Materialien. Für die Mehrheit der Übungen sind unaufwändig zu organisierende Materialien notwendig, Stifte, Kreppband oder ein Gong beispielsweise. Auf ganz unkomplizierte Weise können Ihre Schüler*innen so spielerisch verschiedene fachspezifische Kompetenzen entwickeln und die Kenntnisse in der Leitwissenschaft Philosophie und den Bezugswissenschaften Religionswissenschaft, Psychologie und Soziologie erwerben. Einige Spiele können auch als „Energizer" oder als Ritual eingesetzt werden. Wenn Sie einige Zeit mit dem Buch arbeiten, werden Sie ein Gefühl dafür entwickeln, welche Inhalte sich wofür am besten eignen.

## Die Inhalte im Unterricht nutzen

Die Unterrichtsthemen sind aus den sieben Fragenkreisen entwickelt und nach wichtigen Lehrplanbereichen des Philosophieunterrichts geordnet:

1. Die Frage nach dem Selbst
2. Die Frage nach dem Anderen
3. Die Frage nach dem guten Handeln
4. Die Frage nach Recht, Staat und Wirtschaft
5. Die Frage nach Natur, Kultur und Technik
6. Die Frage nach Wahrheit, Wirklichkeit und Medien
7. Die Frage nach Ursprung, Zukunft und Sinn

Die Unterrichtsthemen sind überdies an die zu erreichende personale und soziale Kompetenz, Sach- und Medienkompetenz angelehnt. Alle Anregungen in diesem Band sind für bestimmte Klassenstufen ausgewiesen. Sie können aber auch bei entsprechender Anpassung des Schwierigkeitsgrades für weitere Klassenstufen geöffnet werden.

Oftmals gibt es die Option, in Partnerarbeit oder Gruppenarbeit vorzugehen – entscheiden Sie, was für Ihre Lerngruppe am besten passt, und ändern Sie gegebenenfalls die Durchführung ab.

Viele Inhalte des Buches können Sie selbstverständlich auch in Vertretungsstunden oder in anderen Fächern, wie etwa Religionslehre, nutzen. Einige Spielideen können mit aktuellen Unterrichtsthemen verbunden und verändert werden. Beziehen Sie bei den Überlegungen ebenfalls die Schülerschaft mit ein. Fühlen Sie sich frei, ändern Sie die Regeln und passen Sie das Spiel an Ihre Lerngruppe an. Gestalten Sie auch Wettkämpfe mit den Inhalten oder erhöhen Sie den Schwierigkeitsgrad. Probieren Sie einfach ungezwungen aus!

# Vorwort und didaktische Hinweise

## Mit Systematik den Überblick gewinnen

Um eine schnelle Orientierung möglich zu machen, finden Sie in dem grauen Kasten einen Kurzüberblick zu der jeweiligen Spielidee nach einem festen Muster:

→ Spielart
→ Thema
→ Ziel
→ Klassenstufe
→ Dauer
→ Sozialform
→ Material

An den grauen Kasten schließt sich eine knappe Beschreibung des jeweiligen Spiels an. Anschließend finden Sie häufig noch Hinweise und Variationsmöglichkeiten. Darüber hinaus bekommen Sie Anregungen zur Vorgehensweise und Strategie der Spiele sowie für Reflexionsfragen für die Beteiligten. Bitte betten Sie die Spiele in den gesamten Kontext der Unterrichtsreihe ein.

In diesem Buch werden verschiedene Spielarten aufgegriffen, wie etwa
→ *Planspiele:* Lernende diskutieren und argumentieren
→ *Kommunikationsspiele:* Lernende kommen miteinander ins Gespräch
→ *Rate- und Quizspiele:* Lernende bearbeiten Quizfragen oder lösen Rätsel
→ *Gedankenspiele:* Lernende gehen auf eine Gedankenreise
→ *Rollenspiele:* Lernende schlüpfen in eine neue Rolle
→ *Lernspiele:* Lernende üben und wenden Regeln an

Gewinnbringende und interessante Spielstunden wünscht Ihnen

Schene Salih-Yilanci ☆

# Wer bin ich?

Lehrerhinweise

**Spielart:** Ratespiel
**Thema:** sich und andere kennenlernen
**Ziel:** Reflexion darüber, wie andere einen sehen und einschätzen
**Klassenstufe:** 5–13
**Dauer:** circa 20–30 Minuten
**Sozialform:** alle zusammen
**Material:** für jede*n Schüler*in ein DIN-A4-Blatt, ein Schreibstift und einen Buntstift in eigener Farbe, Klebeband, akustisches Signal (Gong o. Ä.)

## Beschreibung

Bei dem Spiel machen sich die Teilnehmenden Gedanken über andere, aber auch über sich selbst und wägen ab, was sie von sich preisgeben wollen.
Zu Beginn schreibt jede*r Schüler*in auf ein Blatt Papier zwei Wahrheiten und eine Lüge über sich auf. Dabei notieren die Schüler*innen kurze persönliche Informationen, beispielsweise Vorlieben, Abneigungen oder kurz formulierte Geschichten, z. B. „Ich war schon einmal in Shanghai".
Die Texte stehen auf dem Blatt untereinander in jeweils einer neuen Zeile. Sie werden von eins bis drei durchnummeriert. Wer mit dem Schreiben fertig ist, befestigt den Zettel mit Klebeband am eigenen Rücken – dabei helfen sich die Schüler*innen auch gegenseitig.
Mit jeweils einem Buntstift ausgestattet, bewegen sich die Schüler*innen durch den Klassenraum. Geben Sie den Schüler*innen je nach Gruppenstärke 5–10 Minuten Zeit, sich die Aussagen der anderen durchzulesen und hinter der vermutlichen Lüge einen Strich zu setzen. Jede*r sollte möglichst bei allen Mitschüler*innen ein Zeichen hinterlassen haben. Geben Sie nach Ablauf der Zeit ein Signal, worauf sich alle im Stehkreis aufstellen. Reihum werden die jeweiligen Lügen aufgedeckt. Um dem Spiel einen Wettkampfcharakter zu geben, können Punkte für richtige Vermutungen vergeben werden. Es gewinnt die Person, die die meisten Lügen erkannt hat.

## Variante

Das Spiel kann auch im Stuhlkreis sitzend durchgeführt werden. Die Schüler*innen schreiben zwei Wahrheiten und eine Lüge über sich auf. Wer mag, steht auf und liest nach Aufforderung der Lehrkraft die Notizen vor. Dann äußern sich die anderen per Handzeichen, ob sie bei der ersten, zweiten oder dritten Aussage eine Lüge vermuten.

## Reflexion

→ Welche Wahrheit hat dich überrascht? Warum warst du überrascht?
→ Welche Lüge hast du für wahr gehalten? Warum war das so?

# Den Körper spüren

Lehrerhinweise

**Spielart:** Bewegungsspiel

**Thema:** Leib und Seele

**Ziel:** den eigenen Körper wahrnehmen und herausfinden, ob der Körper das macht, was das Gehirn möchte

**Klassenstufe:** 5–8

**Dauer:** circa 15–20 Minuten

**Sozialform:** alle zusammen

**Material:** Rolle Kreppband (um eine 2-m-Linie zu kleben), je Schüler*in 2 kleine Gegenstände, die hochgeworfen werden können (Bälle, Tücher, Radiergummis, Bonbons)

## Beschreibung

Die Schüler*innen probieren bei diesem Spiel acht Übungen aus. Dabei ist viel Patz notwendig. Stühle und Tische müssen zur Seite geschoben werden, eventuell kann auch auf dem Schulhof gespielt werden. Lesen Sie die Übungsanleitungen vor und die Schüler*innen führen diese durch:

1. Schließt die Augen und stellt euch auf ein Bein. Wechselt nun das Bein.
2. Schließt die Augen und lauft über die 2-m-Linie aus Kreppband.
3. Nehmt zwei Gegenstände (Ball, Tücher, Radiergummi, Bonbon etc.) in die Hand, werft sie gleichzeitig hoch und fangt sie wieder auf.
4. Die Spielleitung ruft verschiedene Zahlen. Macht zu jeder Zahl eine andere Bewegung. Bei 1 den linken Arm heben, bei 2 den rechten Arm heben, bei 3 klatschen, bei 4 die Nase berühren, bei 5 den linken, bei 6 den rechten Fuß heben, bei 7 beide Arme strecken und bei 8 in die Luft springen. (Was bei welcher Zahl gemacht werden soll, kann an die Tafel geschrieben werden).
5. Hebt den rechten Fuß und malt im Uhrzeigersinn einen Kreis. Parallel malt der linke Zeigefinger eine Acht in die Luft. Dann wird der linke Fuß gehoben und mit rechts gemalt. (Anmerkung: Überkreuzbewegungen verbessern die Zusammenarbeit der linken und rechten Gehirnhälften.)
6. Werft einen Gegenstand (siehe Übung 3) 3-mal von der rechten in die linke Hand, hebt dann einen Fuß an und tippt über Kreuz den Boden an. Anschließend führt ihr dies mit dem anderen Fuß durch und macht so mit den Füßen abwechselnd weiter.
7. Streckt beide Hände nach vorn. Die rechte Hand malt eine Sechs und die linke Hand eine Acht in die Luft.
8. Die linke Hand bewegt sich auf dem Kopf hoch und runter, dabei macht die rechte Hand Kreise auf dem Bauch.

## Reflexion

→ Konntest du den eigenen Körper wahrnehmen und spüren?
→ Welche Übungen waren für dich einfach und welche schwierig? Woran lag das?

# Steckbrief „Meine Hand"



**Spielart:** Kennenlernspiel
**Thema:** mein Leben und ich
**Ziel:** sich mithilfe des Handbildes vorstellen
**Klassenstufe:** 5–7
**Dauer:** circa 30–45 Minuten
**Sozialform:** Einzel- und Partnerarbeit
**Material:** je Schüler*in ein DIN-A4-Blatt, Schreib- und Buntstifte

## Beschreibung

Die Schüler*innen erstellen bei diesem Spiel einen kreativen Steckbrief. Zunächst zeichnen alle ihren Handumriss auf das Blatt. Dann notieren sie auf dem Papier, was sie ausmacht und was ihnen in ihrem Leben wichtig ist – sie gestalten dabei möglichst anschaulich und bunt. In die Hand können Informationen geschrieben oder es kann gezeichnet werden. Um die Hand herum soll möglichst wenig weiße Fläche zu sehen sein, hier kann viel gemalt werden.

Mögliche Fragen können als Hilfe vorgegeben werden:
- → Was sind deine Hobbys?
- → Was magst du? Was findest du interessant?
- → Wie alt bist du?
- → Was wünschst du dir?
- → Bist du in einem Sportverein? Spielst du ein Instrument?
- → Wie viele Geschwister hast du?
- → Hast du Haustiere?

Abschließend werden die gestalteten Handbilder in Partnerarbeit präsentiert, dabei sollen sich die Schüler*innen mithilfe der Hand vorstellen. Anschließend können sie ihre Erfahrungen reflektieren.

## Variante

- → Wenn genügend Zeit vorhanden ist, kann auch ein Museumsgang in der Klasse durchgeführt werden. Alle lassen ihre Handabbildungen auf den Plätzen liegen, stehen auf, laufen im Uhrzeigersinn herum und betrachten die Werke der anderen. Wenn ein Signal ertönt, setzen alle sich wieder auf ihre Plätze und können ihre Beobachtungen reflektieren.
- → Die Hand kann zu anderen Themen eingesetzt werden. Beispielsweise können die Kinder in die Hand reinschreiben, was sie in Zukunft ändern wollen.

## Reflexion

- → Was hast du durch diese Handabbildung Neues erfahren?
- → Was ist dir beim Gestalten der Hand über dich selbst bewusst geworden?

# Wer werde ich sein?

Lehrerhinweise

**Spielart:** Gedankenspiel

**Thema:** Formulieren von Zukunftszielen

**Ziel:** das zukünftige Leben vorstellen und präsentieren

**Klassenstufe:** 5–8

**Dauer:** circa 45–60 Minuten

**Sozialform:** Einzel- und Partnerarbeit

**Material:** je Schüler*in ein DIN-A3-Blatt, Schreib- und Buntstifte

## Beschreibung

Die Schüler*innen basteln ein „Buddy Book" – ein Heftchen mit acht Seiten – im Internet finden Sie unter dem Suchwort „Buddy Book" viele Videofilme, die Ihnen das Anfertigen und Falten eines solchen Büchleins gut erklären. Sie notieren und malen ihre Zukunftsvisionen, dabei geben sie Antworten auf zwei philosophische Fragen: „Wer bin ich?" und „Wer möchte ich sein?". Sie sollen sich ihre Zukunft vorstellen und sich damit auseinandersetzen, wo sie sich in 25 Jahren sehen und was sie erreichen möchten. Sie beschriften das Heftchen bunt und verwenden Bilder und Zeichnungen. Das Heftchen soll zum Schluss möglichst wenig weiße Flächen aufweisen.

Folgende Hilfe kann vorgegeben werden:

1. Seite = Titelseite (Überschrift)
2. Wer bin ich?
3. Wer möchte ich in 5 Jahren sein?
4. Wer möchte ich in 10 Jahren sein?
5. Wer möchte ich in 15 Jahren sein?
6. Wer möchte ich in 20 Jahren sein?
7. Wer möchte ich in 25 Jahren sein?
8. Zusammenfassung

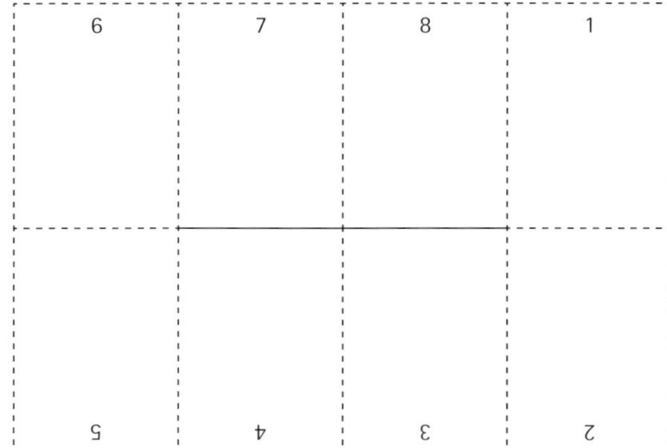


Dann können die Schüler*innen in Partnerarbeit die gestalteten Heftchen präsentieren und reflektieren.

## Variante

- → Statt des Heftchens kann alternativ ein Leporello gebastelt werden, in dem notiert wird, was die Schüler*innen sich jetzt und für ihre Zukunft wünschen.
- → Wenn genügend Zeit vorhanden ist, kann auch ein Museumsgang in der Klasse durchgeführt werden. So können die Heftchen vieler Mitschüler*innen besichtigt werden.

## Reflexion

- → Was hat dir am Heft des*der anderen besonders gefallen? Warum war dies so?
- → Gab es beim anderen parallele oder ähnliche Zukunftswünsche zu deinen eigenen?

# Die Zeit läuft ab!

Lehrerhinweise

| | | | |
|---|---|---|---|
| **Spielart:** | Lernspiel | **Dauer:** | circa 45–60 Minuten |
| **Thema:** | Vergehen von Zeit | **Sozialform:** | Einzel- und Partnerarbeit |
| **Ziel:** | Daumenkino basteln, um Veränderung sichtbar zu machen | **Material:** | Langarmtacker zum Binden, Buntstifte, je Schüler*in 20–30 DIN-A7-Blätter |
| **Klassenstufe:** | 5–8 | | |

## Beschreibung

Die Schüler*innen basteln ein Daumenkino – auch Abblätterbuch genannt – mit circa 20 bis 30 Seiten. Die Blätter legen sie dafür übereinander und tackern sie zu einem Heft zusammen. Um die Veränderung der Zeit sichtbar zu machen, zeichnen die Schüler*innen minimal veränderte Einzelbilder als fortlaufende Bildfolge auf die Vorderseiten der rechten Blätter. Dabei entscheiden sie sich für ein Motiv, das sich während des Lebens verändert. Sie stellen z. B. die Entwicklung vom Baby zum Kind dar oder skizzieren aus dem Leben eines Baums oder Schuhs, um das Vergehen von Zeit zu zeigen.

Auf das Cover schreiben die Schüler*innen das Thema des Heftchens, wobei sie die Veränderung benennen, die durch Zeit erfahren wird. Die Unterschiede zwischen den Zeichnungen auf den einzelnen Blättern sollten minimal sein, damit die beim Abblättern wahrgenommenen Bewegungen flüssig sind.

Abschließend können sich die Schüler*innen ihre Werke in Partnerarbeit gegenseitig präsentieren und reflektieren.

## Variante

Wenn weniger Zeit zur Verfügung steht, können die Schüler*innen einen Kreis mit acht gleich großen Teilen auf ein Blankoblatt zeichnen. Sie stellen diesmal die Veränderungen dar, indem sie auf jedes Kreisstück ein Bild so zeichnen, dass rundum eine zeitliche Entwicklung zu sehen ist. Hier kann beispielsweise die Veränderung eines Baumes während der vier Jahreszeiten dargestellt werden.

## Reflexion

→ Warum hast du dich für diesen Ablauf entschieden? Wie wird die Zeit hier sichtbar?

→ Wann vergeht für dich die Zeit gefühlt schnell? Wann langsam? Wieso ist das so? (Hier können Hobbys oder Langeweile thematisiert werden.)

# Der Boden ist Lava

Lehrerhinweise

**Spielart:** Kommunikations- und Kooperationsspiel

**Thema:** Umgang miteinander

**Ziel:** gemeinsam Aufgaben meistern und sich gegenseitig unterstützen

**Klassenstufe:** 5–8

**Dauer:** circa 10–15 Minuten

**Sozialform:** Gruppenarbeit und alle zusammen

**Material:** für jede 3er- bis 5er-Gruppe 2 Zeitungen (beziehungsweise Pappen, Teppichfliesen o. Ä.)

## Beschreibung

Zunächst müssen die Tische und Stühle zur Seite gerückt werden. Der Boden stellt in diesem Spiel eine Lavafläche dar.
Teilen Sie die Schüler*innen dann in Gruppen ein, die Gruppengröße soll zwischen drei und fünf Personen liegen. Jede Gruppe hat die Aufgabe, über die fiktive Lava zu kommen, indem sie Hilfsmittel, wie aufgefaltete Zeitungen, zeitungsgroße Pappen oder Teppichfliesen, zum Überqueren nutzt.
Die Mitglieder einer Gruppe befinden sich zu Beginn auf der einen Seite des Klassenraums und haben das Ziel, das Lavafeld möglichst schnell gemeinsam zu überwinden. Im Folgenden wird nur von dem Einsatz des Hilfsmittels Zeitung ausgegangen. Jede Gruppe hat zwei Zeitungen zur Verfügung.
Alle Mitglieder einer Gruppe stehen auf einer der Zeitungen. Die zweite Zeitung wird vor die erste gelegt und die Gruppenmitglieder müssen von der ersten auf die zweite Zeitung springen. Dabei wird Rücksichtnahme und gegenseitige Unterstützung von einer Gruppe erwartet, damit niemand den Boden berührt, sich also „verbrennt“. Wenn alle Mitglieder einer Gruppe auf dem neuen Zeitungsstück stehen, wird die hintere Zeitung nach vorn gelegt. Alle springen anschließend auf diese hinüber. So geht es weiter, bis die andere Raumseite erreicht ist – oberstes Gebot: Niemand darf in die Lava fallen. Anschließend reflektieren alle Schüler*innen gemeinsam ihre Erfahrungen.

## Variante

Um den Schwierigkeitsgrad zu erhöhen, kann ein Buch als „Schatz“ eingesetzt werden, der ebenfalls über das Lavafeld gebracht werden muss. Ferner kann das Zeitungsstück verkleinert werden oder es kann auf Zeit und Schnelligkeit gespielt werden.

## Reflexion

- → Woran lag es deiner Meinung nach, dass deine Gruppe die Aufgabe gemeistert hat?
- → Wo hättet ihr, deines Erachtens, besser zusammenarbeiten können?
- → Wo ist in deinem Alltag Teamfähigkeit gefragt beziehungsweise gefordert? Worauf kommt es hierbei an?

# Werte-Bingo – Was ist mir wichtig?

Lehrerhinweise

**Spielart:** Lernspiel

**Thema:** Normen und Werte

**Ziel:** Werte benennen und Wertevorstellung erweitern

**Klassenstufe:** 5–8

**Dauer:** circa 10–15 Minuten

**Sozialform:** alle zusammen und Partnerarbeit

**Material:** Projektor, Wertetabelle (Vorlage S. 14) gescannt oder kopiert, je Schüler*in eine Werte-Bingo-Spielkarte (Vorlage ab S. 15) und ein Stift

## Beschreibung

Alle Schüler*innen erhalten eine Bingo-Spielkarte. Projizieren Sie die Wertetabelle an die Wand (oder schreiben Sie sie an die Tafel). Auf der Tabelle sind einige Zellen frei – in diese sollen weitere wichtige Werte der Klasse eingetragen werden. Die Vorschläge hierfür kommen von den Schüler*innen. Anschließend notieren sich die Schüler*innen die neun für sie wichtigsten Werte der Tabelle auf ihren Spielkarten. In Partnerarbeit kontrollieren sie gegenseitig ihre ausgefüllten Karten und stellen so sicher, dass alle Felder ausgefüllt sind und keine*r schummelt. Nennen Sie einen der Werte aus der Tabelle und markieren Sie ihn, damit alle sehen, welcher Wert bereits genannt worden ist. Die Spieler*innen markieren den gezogenen Begriff auf ihrer Bingo-Karte, sofern er auf der Karte steht. In dieser Art geht es mit den anderen Werten weiter. Sobald eine Person eine vollständig markierte Bingo-Spielkarte hat, ruft sie „Bingo" und hat damit gewonnen. Überprüfen Sie die Gewinnerkombination.

## Variante

Dieses Spiel kann auch in kleinen Gruppen gespielt werden. In diesem Fall braucht jede Gruppe eine Wertetabelle, eine Person in der Gruppe übernimmt die Spielleitung. Diese Person nennt und markiert die gezogenen Werte.

## Reflexion

- Welche weiteren Werte kennst du? (Die Antworten aus der Klasse können an der Tafel gesammelt werden.)
- Wo spielen Werte in deinem Alltag eine Rolle?
- Was meinst du: Ändern sich die Wertevorstellung mit zunehmendem Alter?

# Werte-Bingo – Was ist mir wichtig?

Kopiervorlage 1/2: Werte-Bingo-Spielkarte

| Werte-Bingo | | |
|---|---|---|
| | | |
| | | |
| | | |

| Werte-Bingo | | |
|---|---|---|
| | | |
| | | |
| | | |

# Werte-Bingo – Was ist mir wichtig?

Kopiervorlage 2/2: Wertetabelle

**In den freien Feldern sollen Werte ergänzt werden, die für die am Spiel Teilnehmenden wichtig sind.**

| | | | | | |
|---|---|---|---|---|---|
| Abenteuer | Zugehörigkeit | Mitgefühl | Kunst | Pünktlichkeit | Verständnis |
| Achtung | Demokratie | Gerechtigkeit | Leidenschaft | Reisen | Vertrauen |
| Aktivität | Disziplin | Gleichheit | Leistung | Tradition | Vielfalt |
| Akzeptanz | Ehre | Geld | Liebe | Respekt | Wahrheit |
| Anerkennung | Ehrlichkeit | Gesundheit | Loyalität | Status | Weisheit |
| Arbeit | Engagement | Glaube | Macht | Schönheit | Willenskraft |
| Aussehen | Entspannung | Harmonie | Mut | Sicherheit | Wissen |
| Ausgeglichen-heit | Erfolg | Herkunft | Moral | Sinn | Zufriedenheit |
| Beliebtheit | Ethik | Hoffnung | Neugier | Spaß | |
| Bewegung | Fairness | Humor | Offenheit | Sport | |
| Beziehung | Familie | Individualität | Optimismus | Toleranz | |
| Bildung | Freiheit | Intuition | Ordnung | Träumen | |
| Charisma | Freundschaften | Karriere | Partnerschaft | Treue | |
| Dankbarkeit | Frieden | Kontakt | Persönlichkeit | Unabhängigkeit | |

# 1-2-3-4-Werte

Lehrerhinweise

**Spielart:** Quizspiel

**Thema:** Wertevorstellung und Lebenssituation

**Ziel:** gesellschaftliche Wertevorstellung sichtbar machen

**Klassenstufe:** 5–8

**Dauer:** circa 10–15 Minuten

**Sozialform:** alle zusammen

**Material:** 4 Blätter, auf denen die 4 Bezeichnungen der Wertekategorien A)–D) notiert sind (siehe Beschreibung)

## Beschreibung

Damit sich die Schüler*innen gut im Klassenzimmer verteilen können, ist Platz notwendig. Im Klassenzimmer sollten einige oder auch alle Tische und Stühle zur Seite geschoben werden. Sie legen auf dem Boden dann mit großem Abstand die Blätter aus, auf denen jeweils eine Wertekategorie steht: A) Sachwerte, B) Subjektive Werte, C) Gemeinschaftswerte und D) Politische Werte.
Dann rufen Sie konkrete Werte in den Raum – einige Beispiele finden Sie in der Liste unten. Die Schüler*innen sollen sich hinter die dazu passende Wertebezeichnung stellen. Nennen Sie die richtige Antwort. Wer falsch steht, scheidet aus. Die letzten drei Mitspieler*innen gewinnen das Spiel.

**Folgende Werte können bei der Aufstellung verwendet werden:**

| A) Sachwerte (Güter und Gegenstände) | B) Subjektive Werte (persönliche Einstellung und Gefühle) | C) Gemeinschaftswerte (Werte im Zusammenleben mit anderen Menschen) | D) Politische Werte (Werte demokratischer Gesellschaften) |
|---|---|---|---|
| Smartphone, Laptop, Fahrrad, Roller, Spielkonsole ... | Freundinnen und Freunde zu haben, schick auszusehen, erfolgreich zu sein, gesund zu sein ... | Geborgenheit, Respekt, Vertrauen, Verlässlichkeit, Ehrlichkeit ... | Meinungsfreiheit, Religionsfreiheit, Gleichberechtigung, Freiheit der Berufswahl ... |

## Variante

Alle können bis zum Schluss mitmachen. Nach jeder Runde bekommen die richtig Stehenden eine Murmel o. Ä. Wer am Ende davon am meisten hat, hat gewonnen.

## Reflexion

→ Welche Werte sind dir im Alltag wichtig?
→ Auf welche Werte könntest du verzichten? Auf welche könntest du gar nicht verzichten?
→ Welche weiteren wichtigen Werte fallen dir ein?

# Psycholog*innen in der Psychiatrie

Lehrerhinweise

**Spielart:** Kommunikations- und Rätselspiel
**Thema:** Wahrnehmen von Besonderheiten und Krankheiten
**Ziel:** vernunftgeleitet und sachbezogen miteinander umgehen
**Klassenstufe:** 8–13
**Dauer:** circa 10–15 Minuten pro Runde
**Sozialform:** alle zusammen

## Beschreibung

Im Vorfeld bereiten Sie für die Schüler*innen einen Sitzkreis vor. Dieses bekannte Rätselspiel ist geeignet für Gruppen ab fünf Personen.
Ein*e Freiwillige*r geht als Psychologin beziehungsweise Psychologe vor die Tür. Die restlichen Spieler*innen sitzen im Kreis und übernehmen die Rolle der Patient*innen. Die Person vor der Tür überlegt sich Fragen, die sie nacheinander den Erkrankten aus der Gruppe stellt, um herauszufinden, unter welcher Krankheit diese leiden. Alle haben die gleiche Erkrankung. Eine Frage darf nur konkret an eine Person gestellt und von dieser beantwortet werden.
Wichtig ist, dass in der psychologischen Sprechstunde das Verhalten und die Antworten der Patient*innen genau beobachtet und reflektiert werden. Hinter der Krankheit steckt nämlich ein System. Beispielkrankheiten sind unten aufgelistet, so werden mehrere Spielrunden möglich (natürlich können sich die Schüler*innen auch selbst ein System überlegen). Die Patient*innen müssen sich die Erkrankung gut einprägen und genau danach handeln. Die psychologische Fachkraft muss durch aktives Fragen herausfinden, welche Krankheit (welches System) das Verhalten der Patient*innen beeinflusst.

**Beispielkrankheiten (Systeme): Die Patient*innen ...**

- → antworten immer nur mit einem Wort oder mit einem Satz.
- → beginnen ihre Antworten jeweils mit dem nächsten Buchstaben des Alphabets.
- → antworten auf die Frage der Person davor (ausgenommen die erste Antwort).
- → haben Ticks, wie etwa: mit Beinen über Kreuz sitzen, ständig husten, Lachanfall, Hände in den Hosentaschen, ein bestimmtes Wort wiederholen usw.

## Variante

Selbstbewusste Schüler*innen sind eher als Psycholog*innen geeignet, da sie im Mittelpunkt stehen. Es können auch mehrere Personen rausgehen und sich Fragen überlegen.

## Reflexion

- → Wie hast du dich als Psychologin oder Psychologe in der Mitte der Runde gefühlt?
- → Wie empfindest du den steigenden Leistungsdruck in der Gesellschaft? Welche Probleme siehst du damit verknüpft?
- → Welche psychischen Krankheiten gibt es in der Gesellschaft? Wie äußern sich diese?

# Freiheit und Unfreiheit

Lehrerhinweise

**Spielart:** Lernspiel

**Thema:** Freiheit und Unfreiheit

**Ziel:** gegensätzliche Positionen für die Bedeutung „frei" finden

**Klassenstufe:** 7–13

**Dauer:** 10 Minuten

**Sozialform:** Partnerarbeit und alle zusammen

**Material:** je 2er-Team ein Tandembogen (Vorlage S. 19) und 2 Stifte

## Beschreibung

Die Schüler*innen arbeiten zu zweit und erhalten dafür jeweils einen Streifen eines Tandembogens. Kopieren Sie für jedes Team einen Tandembogen und schneiden Sie ihn zu.
Eine Person bekommt Streifen A und die andere Streifen B. Person A fängt an, ihren ersten Satz vorzulesen. Die fett gedruckten Wörter erscheinen nicht auf dem Spielbogen des Spielpartners oder der Spielpartnerin. Die fehlenden Wörter müssen durch das Teammitglied durch ein Antonym ersetzt werden, zum Beispiel: frei – unfrei. Dann liest B den nächsten Satz vor und A muss die fehlenden Wörter ergänzen.
Der Tandembogen wird abgearbeitet, indem abwechselnd das 2er-Team der Reihe nach seine vorgegebenen Sätze vorliest. Die Gegensätze werden durch die zuhörende Person mündlich ergänzt und in der Lücke notiert. Die richtige Antwort steht in Klammern hinter den Beispielsätzen.
Für jede richtige Ergänzung gibt es einen Punkt. Gewonnen hat die Person mit den meisten Punkten. Anschließend wird gemeinsam an der Tafel mit der ganzen Klasse eine Tabelle mit den Beispiel- und Gegensätzen erstellt. Die Jugendlichen können sich eigene Beispiel- und Gegensätze überlegen und notieren.

## Hinweis

Die Jugendlichen können ein Lernplakat erstellen, auf dem Definitionen, Fakten und Zusammenhänge dargestellt sind. Sie können es mit Texten und Bildern veranschaulichen und im Anschluss der Klasse präsentieren.

## Reflexion

→ Welche anderen Sätze und Gegensätze fallen euch zu dem Thema ein?
→ Was bedeutet für dich „frei" oder „ich bin frei"?
→ Welche Freiheiten haben Menschen laut dem Grundgesetz?
→ Welche „freien Willen" hast du an einem Tag? Notiere deinen Alltag.
→ Können Menschen sich frei entscheiden?

# Freiheit und Unfreiheit

Kopiervorlage: Tandembogen

| **Person A**<br>Beispielsätze und Gegensätze *(Antonyme)*<br>Die Lösung steht in Klammern. | **Person B**<br>Beispielsätze und Gegensätze *(Antonyme)*<br>Die Lösung steht in Klammern. |
|---|---|
| Die Pflanze ist **in freier Natur**. *(im Zimmer)* | Die Pflanze ist ………………………………………… . |
| Die Mädchentoilette ist ………………………………………… . | Die Mädchentoilette ist **frei**. *(besetzt)* |
| Eier aus **Freilandhaltung** *(Bodenhaltung)* | Eier aus ………………………………………… |
| Der Künstler ist ………………………………………… . | Der Künstler ist **freischaffend**.<br>*(angestellt)* |
| Angestellte **freisetzen** *(beschäftigen)* | Angestellte ………………………………………… |
| ………………………………………… wie ein Vogel | **Frei** wie ein Vogel *(gefangen/eingesperrt)* |
| In **Freiheit** leben *(Unfreiheit/Gefangenschaft)* | In ………………………………………… leben |
| ………………………………………… an die Tafel gehen | **Freiwillig** an die Tafel gehen *(unfreiwillig)* |
| Die Medien sind geprägt durch<br>**Meinungsfreiheit**. *(Zensur)* | Die Medien sind geprägt durch<br>………………………………………… . |
| Er ist von den Beiträgen ………………………………………… . | Er ist von den Beiträgen **befreit**. *(belastet)* |
| Die Gefangene ist **freigesprochen.** *(verurteilt)* | Die Gefangene ist ………………………………………… . |
| Sie hätte gerne mehr ………………………………………… . | Sie hätte gerne mehr **Freizeit**. *(Arbeit)* |
| Du kleidest dich **freizügig**. *(bedeckt)* | Du kleidest dich ………………………………………… . |
| Die Autobahn ist ………………………………………… . | Die Autobahn ist **mautfrei**. *(mautpflichtig)* |
| Auf der Strecke habe ich **freie Fahrt**. *(Stau)* | Auf der Strecke ist ………………………………………… . |

# Glücksspiel

Lehrerhinweise

**Spielart:** Glücksspiel
**Thema:** Suche nach Glück als Ziel des Lebens
**Ziel:** reflektieren, was Glück ist und warum Glücksspiele kaum glücklich machen

**Klassenstufe:** 7–13
**Dauer:** 10 Minuten
**Sozialform:** Einzelarbeit
**Material:** je Schüler*in ein Glücksspielschein (Vorlage S. 21), ein Schreibstift und ein farbiger Stift

## Beschreibung

Die Schüler*innen erhalten jeweils einen Glücksspielschein (siehe Vorlage) und versehen ihn zunächst mit dem eigenen Namen. Alle kreuzen sechs Zahlen aus den 49 angebotenen Zahlen an. Der Spielschein wird zur Kontrolle einer beliebigen Person im Raum gezeigt, damit keine*r im Nachhinein Zahlen ankreuzen kann.
Anschließend nennen Sie sechs Gewinnzahlen. Die Schüler*innen überprüfen den vorliegenden Schein, indem sie die genannten Zahlen mit einem farbigen Stift auf dem Glücksschein markieren. Hat eine Person sechs Zahlen, die sowohl angekreuzt als auch farbig sind, gewinnt sie das Glücksspiel. Die Wahrscheinlichkeit ist sehr gering, dass eine*r der Spielenden Sieger*in wird. Es können einige „Ziehungen" durchgeführt werden.

## Hinweis

Gehen Sie im Anschluss auf die Gefahren von Spielsucht ein und besprechen Sie die Suchtspirale. Thematisieren Sie auch gesetzliche Vorgaben, die vor Spielsucht und Verschuldung schützen sollen, z. B. Warnhinweise und dass Spielen erst ab 18 Jahren erlaubt ist.

## Variante

→ Ältere Schüler*innen können auch die Gewinnwahrscheinlichkeit errechnen.
→ Die Schüler*innen können in Gruppen eine Collage aus Zeitschriftenschnipseln erstellen, die die gesellschaftlichen Leitbilder des Glücks zeigen. Dabei kann die Collage sich auf ein Ereignis, auf Zufall, Schicksal oder auch eigenes Tun beziehen.

## Reflexion

→ Ist es wahrscheinlich, dass jemand im Glücksspiel gewinnt? Was meinst du?
→ Wieso ist der Nutzen bei einem Glücksspiel gemeinhin geringer als der Schaden? Welche Vermutungen hast du?
→ Glaubst du, dass man Lebensglück durch Glücksspiele finden kann?
→ Was bedeutet Glück für dich? Wie können Menschen das Glück im Leben erreichen? Was kannst du für dein Glück tun?

# Glücksspiel

Kopiervorlage: Glücksspielscheine

**Glücksspielschein von** ......................................................................

| 1 | 2 | 3 | 4 | 5 | 6 | 7 |
|---|---|---|---|---|---|---|
| 8 | 9 | 10 | 11 | 12 | 13 | 14 |
| 15 | 16 | 17 | 18 | 19 | 20 | 21 |
| 22 | 23 | 24 | 25 | 26 | 27 | 28 |
| 29 | 30 | 31 | 32 | 33 | 34 | 35 |
| 36 | 37 | 38 | 39 | 40 | 41 | 42 |
| 43 | 44 | 45 | 46 | 47 | 48 | 49 |

**Glücksspielschein von** ......................................................................

| 1 | 2 | 3 | 4 | 5 | 6 | 7 |
|---|---|---|---|---|---|---|
| 8 | 9 | 10 | 11 | 12 | 13 | 14 |
| 15 | 16 | 17 | 18 | 19 | 20 | 21 |
| 22 | 23 | 24 | 25 | 26 | 27 | 28 |
| 29 | 30 | 31 | 32 | 33 | 34 | 35 |
| 36 | 37 | 38 | 39 | 40 | 41 | 42 |
| 43 | 44 | 45 | 46 | 47 | 48 | 49 |

**Glücksspielschein von** ......................................................................

| 1 | 2 | 3 | 4 | 5 | 6 | 7 |
|---|---|---|---|---|---|---|
| 8 | 9 | 10 | 11 | 12 | 13 | 14 |
| 15 | 16 | 17 | 18 | 19 | 20 | 21 |
| 22 | 23 | 24 | 25 | 26 | 27 | 28 |
| 29 | 30 | 31 | 32 | 33 | 34 | 35 |
| 36 | 37 | 38 | 39 | 40 | 41 | 42 |
| 43 | 44 | 45 | 46 | 47 | 48 | 49 |

# Süchtig ohne Stoff?

Lehrerhinweise

**Spielart:** Lernspiel

**Thema:** stoffgebundenes und stoffungebundenes Suchtverhalten

**Ziel:** verschiedene Suchtarten unterscheiden

**Klassenstufe:** 7–13

**Dauer:** 20 Minuten

**Sozialform:** alle zusammen

**Material:** „Suchtsack“, dafür werden circa 10 Gegenständen (z. B. leere Zigarettenschachtel, Tabletten, Smartphone) in einen Sack oder Beutel gegeben

## Beschreibung

Bereiten Sie für die Klasse einen Sitzkreis vor – dieser kann auf dem Boden oder auf den Stühlen stattfinden. Freiwillige dürfen in den „Suchtsack“ greifen und einen Gegenstand auswählen, die Lernenden nehmen sich in einer Meldekette gegenseitig dran. Wer einen Gegenstand gezogen hat, beschreibt und deutet ihn.

Die Schüler*innen reichen die Gegenstände an Sie weiter – Sie sortieren diese dann unkommentiert auf dem Boden in die Kategorien „stoffgebundene Süchte“ und „stoffungebundene Süchte“ ein. Sie sagen allerdings nicht, nach welchem Prinzip Sie die Sortierung vornehmen.

Die Schüler*innen stellen Vermutungen zu den Kategorien an. Wenn sie sie erkannt haben, überlegen sie sich weitere Beispiele und ordnen diese zu.

**Inhalte des Suchtsackes können sein:**

| Zur Kategorie der stoffungebundenen Süchte | Zur Kategorie der stoffgebundenen Süchte |
|---|---|
| Smartphone (Mediensucht), Barbie-Puppe (Magersucht), Lottoschein (Spielsucht), Bankkarte/Einkaufstüten (Einkaufssucht), Kondom (Sexsucht) … | Tabletten (Medikamentensucht), Kaffee/Tee/Energydrink (Koffeinsucht), Oregano/feine Kräuter (Drogensucht), leere Zigarettenschachtel (Nikotinsucht) … |

## Hinweis

Sucht ist ein sensibles Thema, Jugendliche und deren Eltern könnten betroffen sein. Gehen Sie damit umsichtig um und stellen Sie regionale Suchtpräventionsstellen vor. Wenn Sie nicht genügend Material für den Suchtsack finden, können Sie auch Bilder zur Veranschaulichung verwenden.

## Reflexion

- → Was denkst du – was kennzeichnet eine Sucht? Wie entsteht eine Sucht? Und was sind ihre Ursachen? (Anschließend kann auch die Suchtspirale thematisiert werden.)
- → Welche Folgen hat eine Sucht? Welche Verhaltensweisen sind mit ihr verbunden?
- → Wo kann sich eine suchtgefährdete Person Hilfe und Unterstützung holen?

# Paare finden

Lehrerhinweise

**Spielart:** Gedächtnisspiel

**Thema:** Zitate und Redewendungen

**Ziel:** bekannten Philosoph*innen ihre Zitate zuordnen

**Klassenstufe:** 8–13

**Dauer:** circa 15 Minuten

**Sozialform:** Partner- oder Kleingruppenarbeit

**Material:** je 2er-Team oder je 4 bis 6 Personen einmal die Memokarten der Philosophie (Vorlage ab S. 24)

## Beschreibung

Kopieren Sie pro 2er-Team einmal die Memokarten und schneiden Sie sie zu. Falls es möglich ist, laminieren Sie diese auch, damit sie länger halten. Auf der Kopiervorlage steht das Zitat einer bestimmten Person immer direkt auf der Karte, die nach ihrem Bild kommt. So haben Sie eine Lösung für sich parat.

Für die Schüler*innen verläuft dieses Gedächtnisspiel nach dem sogenannten Pairs-Prinzip, das heißt, es müssen zusammengehörige Kartenpaare gefunden werden. Es wird mit einem*einer Partner*in gespielt (oder alternativ in kleinen Gruppen von vier bis sechs Spieler*innen).

Die Spielkarten liegen verdeckt auf dem Tisch.

Das jüngste Teammitglied beginnt, zwei Karten aufzudecken. Wenn das Zitat zu der gelehrten Person passt, darf es beide Karten behalten. Wenn die aufgedeckten Karten inhaltlich nicht zueinander gehören, werden sie wieder verdeckt und die nächste Person ist dran. Sieger*in ist die Person mit den meisten Karten am Ende.

## Hinweis

Wenn die Persönlichkeiten nicht allen Schüler*innen bekannt sind, können die Karten der Klasse vor dem Spiel gezeigt und als Gesprächsaufhänger verwendet werden. Die Klasse kann gegebenenfalls behandelte und bekannte Zitate und Philosoph*innen auf Blankokarten ergänzen.

## Reflexion

- → Welche Weisheiten findest du noch zeitgemäß und wieso?
- → Welche weiteren Zitate von bekannten Philosoph*innen kennst du noch?
- → Wähle mindestens drei Zitate aus und beziehe sie auf dein Alltagsleben. (Reflektiert werden kann z. B. „Das Vergleichen ist das Ende des Glücks und der Anfang der Unzufriedenheit". Eine Person vergleicht ihr Hab und Gut mit einer anderen Person und vernachlässigt dabei die eigenen Fähigkeiten und Stärken oder denkt nicht an den „harten" Weg der anderen Person und wie fleißig diese gewesen ist.)

# Paare finden

Kopiervorlage 1/3: Memokarten der Philosophie

Friedrich Wilhelm Nietzsche
(1844–1900)

„Gott ist tot!"

Aristoteles
(384–322 v. Chr.)

„Der Anfang ist die Hälfte des Ganzen."

Buddha
(um 560–480 v. Chr.)

„Wenn du ein Problem hast, versuche, es zu lösen. Kannst du es nicht lösen, dann mache kein Problem daraus."

Dalai Lama
(*1935)

„Je mehr ich von der Welt sehe, umso deutlicher wird mir, dass wir uns alle nach Glück sehnen und Leid vermeiden wollen."[2]

Francis Bacon
(1561–1626)

„Hoffnung ist ein gutes Frühstück, aber ein schlechtes Abendbrot."

Galileo Galilei
(1564–1642)

„Die Neugier steht immer an erster Stelle des Problems, das gelöst werden will."

Immanuel Kant
(1724–1804)

„Handle so, dass der Beweggrund deines Willens jederzeit als Grundsatz einer allgemeinen Gesetzgebung gelten könnte."

Søren Kierkegaard
(1813–1855)

„Das Vergleichen ist das Ende des Glücks und der Anfang der Unzufriedenheit."

[2] Dalai Lama: Das Buch der Menschlichkeit – Eine neue Ethik für unsere Zeit, Bastei Lübbe, 2002

# Paare finden

Kopiervorlage 2/3: Memokarten der Philosophie

Arthur Schopenhauer
(1788–1860)

„Ein Hauptstudium der Jugend sollte sein, die Einsamkeit ertragen zu lernen, weil sie eine Quelle des Glücks und der Gemütsruhe ist."

Thales von Milet
(um 624 – um 548 v. Chr.)

„Wer ist glücklich? Wer Gesundheit, Zufriedenheit und Bildung in sich vereinigt."

Platon
(427–347 v. Chr.)

„Nur die Toten haben das Ende des Krieges gesehen."

Konfuzius
(551–479 v. Chr.)

„Fordere viel von dir selbst und erwarte wenig von den anderen. So wird dir Ärger erspart bleiben."

René Descartes
(1596–1650)

„Ich denke,
also bin ich;
Ich zweifele,
also bin ich;
Ich werde getäuscht,
also bin ich."

Diogenes von Sinope
(circa 400–323 v. Chr.)

„Geh mir nur ein wenig aus der Sonne."

Michel de Montaigne
(1533–1592)

„Der Genuss, nicht der Besitz macht glücklich."

Mahatma Gandhi
(1869–1948)

„Sei du selbst die Veränderung, die du dir wünschst für die Welt."

# Paare finden

Kopiervorlage 3/3: Memokarten der Philosophie

Epikur
(341–270 v. Chr.)

„Nicht die Dinge selbst, sondern nur unsere Vorstellung darüber machen uns glücklich oder unglücklich."

Jean-Paul Sartre
(1905–1980)

„Der Mensch ist, was er aus sich macht."[3]

Georg Wilhelm Friedrich Hegel
(1770–1831)

„Wir lernen aus der Geschichte, dass wir überhaupt nichts lernen."

Albert Camus
(1913–1960)

„Mitten im Winter erfuhr ich endlich, dass in mir ein unvergänglicher, unbesiegbarer Sommer ist."[4]

Heraklit
(um 520–460 v. Chr)

„Nichts ist so beständig wie der Wandel."

Karl Marx
(1818–1883)

„Nach uns die Sintflut, ist der Wahlspruch jedes Kapitalisten."

[3] Sartre, Jean-Paul: Ist der Existentialismus ein Humanismus? Ullstein, Frankfurt 1989
[4] Camus, Albert: Hochzeit des Lichts. Aus dem Französischen von Peter Gan und Monique Lang, Arche, Zürich 2013

# Wie siehst du das?

Lehrerhinweise

**Spielart:** Forschung
**Thema:** Interkulturalität
**Ziel:** Fragebogen zum Thema (Vor-) Urteile erstellen und sie abbauen

**Klassenstufe:** 8–13
**Dauer:** circa 30–45 Minuten
**Sozialform:** Gruppenarbeit und alle zusammen
**Material:** –

## Beschreibung

**Phase I**

Die Klasse erstellt einen Fragebogen, mit dem sie anschließend eine Umfrage durchführt. Die Schüler*innen arbeiten dafür in kleinen Gruppen zu vier bis sechs Personen und einigen sich so auf fünf geschlossene stereotypische Fragen, die mit „Ja" oder „Nein" beantwortet werden können. Die Fragen sollen die Haltung der Schüler*innen verdeutlichen, um das Thema (Vor-)Urteile daran anschließen zu können. Hier einige Beispielfragen: „Handeln Deutsche immer nach Vorschriften?", „Fühlst du dich durch Kopftuchträgerinnen bedroht?", „Trinken Russen zu viel Wodka?"

**Phase II**

Die Klasse sammelt im Plenum aus allen Vorschlägen 10 bis 15 Fragen an der Tafel. Diese werden per Handzeichen beantwortet, um ein Ergebnis der Klassenbefragung zu erhalten. Je nach Klasse kann die Abstimmung auch geheim erfolgen.

## Hinweis

Besprechen Sie die Definition von positiven und negativen (Vor-)Urteilen im Anschluss. Hierbei ist es wichtig, zu beleuchten, welche Einstellungen gegenüber Minderheiten existieren, was die Ursachen für vorhandene Vorurteile sind und wie diese abgebaut werden können (siehe dazu auch die nächste Übung „Albatros-Insel", Seite 28).

## Variante

Mithilfe des Fragebogens kann eine andere Gruppe oder eine Parallelklasse befragt werden. Die Klasse kann zu verschiedenen Ländern einen Museumsgang mit Plakaten und Bildern erstellen, die Bräuche, Eigenschaften, Besonderheiten etc. zeigen.

## Reflexion

- Welche Einstellung hat die Klasse laut der Umfrage gegenüber Minderheiten?
- Was meinst du: Was sind die Ursachen von Vorurteilen?
- Welche weiteren negativen und positiven Vorurteile fallen dir ein? Sind Vorurteile mit der Demokratie vereinbar?
- Wie können Menschen Vorurteile abbauen? Welche Ideen hast du?
- Warum „brauchen" oder denken Menschen in Vorurteilen? Was vermutest du?

# Albatros-Insel 1/2

Lehrerhinweise

**Spielart:** Planspiel
**Thema:** Interkulturalität
**Ziel:** andere Kulturen und Werte erkennen, benennen und reflektieren
**Klassenstufe:** 8–13
**Dauer:** circa 30 Minuten
**Sozialform:** all zusammen
**Material:** Schale mit Fruchtgummis

## Beschreibung

Das bekannte Albatros-Inselspiel[5] dient dazu, Verhalten einer Kultur zu beobachten und zu reflektieren. Die Schüler*innen setzen sich in einen Halbkreis – bereiten Sie das Klassenzimmer entsprechend vor. Die Schüler*innen steigen in das Spiel ein, indem sie sich vorstellen, auf einer neu entdeckten Insel zu Besuch zu sein. Sie beobachten die Gebräuche der Inselbewohner*innen. Zwei Freiwillige – ein Schüler und eine Schülerin – gehen mit Ihnen kurz aus der Klasse raus. Die beiden werden in die Rolle des Mannes und der Frau auf der Albatros-Insel schlüpfen. Sie bereiten sie vor der Tür auf ihre Aufgaben vor – zwischen den Phasen des Spiels können Sie den beiden auch noch zuflüstern, was sie spielen sollen, falls die beiden es vergessen. Alle anderen Schüler*innen sitzen während des gesamten Schauspiels in einem Stuhlhalbkreis in der sogenannten fiktiven Kultur. Stellen Sie vor den Stuhlhalbkreis den Stuhl des rausgegangenen Schülers, der einen Mann auf der Insel spielt. Unter diesem freien Stuhl platzieren Sie die Schale mit Fruchtgummis.

### Phase I (Begrüßung)

Ein Mann und eine Frau betreten pfeifend und den Teilnehmer*innen freundlich zunickend den Raum. Die Frau legt, während sie den Raum in gehörigem Abstand zu dem Mann betritt, ihre Schuhe ab. Der Mann wartet einen kurzen Moment und legt die Schuhe der Frau zur Seite. Als beide den Halbkreis mit den anderen Teilnehmer*innen betreten, pfeifen beide ihnen freundlich und aufmunternd zu. Der Mann geht zu jedem der männlichen Teilnehmer einzeln hin und verneigt sich vor ihnen. Die Frau folgt dem Mann und stellt die übereinandergeschlagenen Beine der Teilnehmer*innen vorsichtig, aber bestimmt auf den Boden, sodass beide Füße den Boden berühren. Überkreuzen die Teilnehmer*innen erneut die Beine, wird der Vorgang von der Frau wiederholt.

### Phase II (Essen)

Der Mann setzt sich auf den leeren Stuhl. Die Frau kniet sich neben den Mann auf den Boden und legt ihre Hände auf dem Boden ab. Die Frau greift die Schale mit den Fruchtgummis und gibt diese dem Mann. Der Mann nimmt die Schale und isst schmatzend einige Fruchtgummis, schüttelt den Kopf und gibt die Schale zurück. Anschließend isst die Frau ein paar Fruchtgummis und stellt die Schale wieder unter den Stuhl.

[5] Vgl. The Albatross, entwickelt von Theodore Gochenour an der School for International Training, Brattleboro, Vermont, USA, veröffentlicht in Beyond Experience, Intercultural Press, Yarmouth/USA 1993, S. 119–127.

**Phase III (Energieaufnahme)**

Ferner legt der Mann seine Hand sanft auf die Schulter der Frau. Sie beugt sich nach vorn und berührt mit der Stirn 3-mal den Boden. Danach stehen sie auf, pfeifen und nicken wieder jedem zu und gehen noch mal den Stuhlhalbkreis ab. Dabei folgt die Frau wieder dem Mann und sie verlassen den Raum. Das Rollenspiel endet mit einem Applaus und die Schauspielerin und der Schauspieler schlüpfen aus der Rolle heraus.

## Hinweis

Die Gruppe wird nach der dritten Reflexionsfrage (s. u.) zum Rollenspiel über die Sitten und Gebräuche der Albatros-Kultur aufgeklärt:

Die Menschen auf Albatros sind friedlich und pfeifen vor sich hin, wenn sie zufrieden sind. In der Kultur wird die Erde als Lebensspenderin (Fruchtbarkeitsgöttin) hochgeschätzt, daher sollen die Füße möglichst viel Bodenkontakt haben und die Frauen ziehen in geschlossenen Räumen ihre Schuhe aus. Die Männer dürfen die Schuhe der Frauen weglegen, wenn sie dies erlauben. Große Füße zu haben, ist ein Geschenk Gottes. Bei anderen wird darauf geachtet, dass die Füße auf dem Boden sind, damit sie den Kontakt zur Erde und Verbindung zur Erdgottheit haben, um viel Kraft aufzunehmen. Die Männer verneigen sich zur Begrüßung vor den anderen. Frauen bringen Leben hervor und haben daher Sonderrechte. Sie dürfen auf dem Boden sitzen und ihre Männer haben die Pflicht, Speisen auf Vergiftungen und Unverträglichkeiten vorzukosten. Erst wenn der Mann den Kopf schüttelt, darf die Frau die Speisen kosten. Die Männer schützen ihre Frauen und gehen vor ihnen her, um mögliche Gefahren zu beseitigen. Männer sitzen auf Stühlen und haben somit Abstand zum Boden, während die Frauen einen direkten Kontakt haben. Die Frauen nehmen die Energie von der Muttergottheit auf. Männer dürfen als Ritual die Hand auf die Schulter der Frau legen, um so etwas von der göttlichen Kraft zu erhalten. Den Albatros-Männern ist es nicht gestattet, Frauen ohne deren Erlaubnis zu berühren.

## Reflexion

- → Was hast du gesehen und erlebt? (Hier ist eine sachliche Beschreibung gefordert!)
- → Welche Sitten und Gebräuche hat das Volk auf der Albatros-Insel deines Erachtens? Erkläre sie!
- → Würdest du auf der Insel leben wollen? (Hier ist eine Argumentation gewünscht.)
- → Wodurch sind deines Erachtens die „Fehlinterpretationen" zustande gekommen?
- → Was lernst du aus den Missdeutungen zwischen der Interpretation und der tatsächlichen Bedeutung des Verhaltens?
- → Hast du im Alltag auch schon einmal die Erfahrung von „Fehlinterpretationen" gemacht?

# Stereotype abbauen – Beobachtung vs. Bewertung

Lehrerhinweise

**Spielart:** Rollenspiel

**Thema:** Stereotype abbauen

**Ziel:** Vorurteile erkennen und sie abbauen

**Klassenstufe:** 7–13

**Dauer:** circa 10 Minuten

**Sozialform:** alle zusammen

**Material:** 2 Personenabbildungen (Vorlage S. 31), Blatt mit der Beschriftung „Beobachtung/Beschreibung", Blatt mit der Beschriftung „Bewertung", je Schüler*in ein Stift und 2 Karteikarten

## Beschreibung

Kopieren Sie zur Vorbereitung die beiden Bilder von Seite 31 und schaffen Sie Raum für einen Stehkreis im Klassenzimmer.
Legen Sie die beiden Bilder aus oder hängen Sie sie an die Tafel. Das eine Bild zeigt eine blonde Frau, das andere Bild eine Frau mit einem Kopftuch. Die Klasse notiert auf Karteikarten ihre Gedanken zu den Personen auf den Bildern. Folgende Aufgabe steht an der Tafel: „Schreibe deine Gedanken zu jeder abgebildeten Person auf. Was siehst du? Was glaubst du, welchen Bildungsstand hat die Person? Welchen Beruf und Familienstand könnte sie haben?"
In einem Stehkreis kommen die Schüler*innen dann zusammen. Reihum lesen sie ihre Aufzeichnungen vor und legen die Karten auf den Boden. Die Lehrkraft sortiert die beschriebenen Karten still in die verdeckten Kategorien „Beobachtung/Beschreibung" und „Bewertung".
Am Ende steht die Frage im Raum: „Was fällt euch auf?" Die Klasse soll die verdeckten Begriffe erkennen und benennen können.

## Hinweis

Die Schüler*innen werden erfahrungsgemäß dazu tendieren, zu bewerten. Sie werden eher ihre Erfahrungen einbringen und weniger sachlich beschreiben, was sie sehen. Informieren Sie sich und Ihre Lerngruppe in diesem Kontext über das größte Schulnetzwerk „Schule ohne Rassismus – Schule mit Courage" in Deutschland. Dadurch können Sie das Klima an Ihrer Schule aktiv mitgestalten und sich bewusst gegen Diskriminierung, Gewalt und Mobbing einsetzen.

## Variante

Sie können auch verschiedene Bilder zu Diversitätsmerkmalen oder von unterschiedlichen Menschen in verschiedenen Lebenssituationen zeigen.

## Reflexion

→ Wo liegt der Unterschied zwischen Beobachten und Bewerten?
→ Was meinst du – wieso bewerten Menschen so schnell?
→ Welche Erfahrungen hast du im Alltag mit Bewertungen gemacht?

# Stereotype abbauen – Beobachtung vs. Bewertung

Kopiervorlage: Personenabbildungen

© Irina Bg – Shutterstock.com

© BAZA Production – Shutterstock.com

# Bewegungsspiele

Lehrerhinweise

| | | | |
|---|---|---|---|
| **Spielart:** | Kommunikations- und Kooperationsspiel | **Klassenstufe:** | 5–8 |
| **Thema:** | der Umgang miteinander | **Dauer:** | circa 10–15 Minuten |
| **Ziel:** | gemeinsam Aufgaben meistern | **Sozialform:** | alle zusammen, Gruppenarbeit |
| | | **Material:** | Musik |

## Beschreibung

Für dieses Spiel ist viel Platz notwendig. Entweder Sie rücken mit den Schüler*innen die Stühle und Tische zur Seite oder Sie gehen ins Freie oder in eine Turnhalle.

**1. Atomspiel – Alle suchen sich zusammen**
Die Klasse bewegt sich frei im Raum, dazu läuft Musik. Sie stoppen die Musik irgendwann. Dazu rufen Sie Kriterien in den Raum, nach denen die Schüler*innen zusammenkommen sollen. Die Schüler*innen sollen sich beispielsweise zu zweit, zu dritt, zu viert usw. zusammenfinden. Es ist auch möglich, dass alle zusammen einen Pulk bilden sollen. Weitere denkbare Kriterien: Es kommen diejenigen zusammen, die eine Haarfarbe haben, deren Geburtstag im selben Monat ist, die die gleiche Anzahl an Geschwistern besitzen, das gleiche Lieblingsessen haben usw. Wenn Sie keine Ideen für Kriterien mehr haben, wechseln Sie zum nächsten Spiel.

**2. Sich gemeinsam vom Boden entfernen**
Das Spiel kann in Gruppen von fünf bis zehn Personen oder mit der Klasse gespielt werden. Die Schüler*innen sitzen in einem Sitzkreis auf dem Boden und halten sich an den Händen. Ziel ist es, gemeinsam vom Boden aufzustehen, ohne die Hände voneinander zu lösen und sich vom Boden abzudrücken. Alles geschieht ohne Austausch über Worte und andere akustische Signale.

**3. Knoten lösen**
Die Schüler*innen (mindestens sechs Personen) stehen in einem engen Stehkreis. Sie strecken alle gleichzeitig mit geschlossenen Augen die Hände aus und greifen nach einer anderen Hand. Wenn sich derart alle Schüler*innen „verknotet" haben, öffnen sie ihre Augen wieder. Ziel ist es, den Knoten zu lösen und den Ausgangsstehkreis zu bilden. Die Beteiligten dürfen über die Hände steigen oder unter ihnen hindurchkriechen. Ihre Hände dürfen sie bis zum Spielschluss nicht lösen.

## Reflexion

→ Wo sind Kooperation und Kommunikation gefragt? Wieso sind sie wichtig? Was meinst du?

# Das Asch-Experiment 1/2

Lehrerhinweise

**Spielart:** Rollenspiel
**Thema:** Meinungsanpassung in einer Gruppe
**Ziel:** das Konformitätsprinzip, das Gruppenverhalten erklärt, wird über das Erleben begreifbar gemacht

**Klassenstufe:** 5–13
**Dauer:** circa 30–45 Minuten
**Sozialform:** alle zusammen
**Material:** Projektor, Testlinien gescannt oder kopiert (Vorlage S. 35)

## Beschreibung

Bei dem Konformitätsexperiment von Asch[6] (auch Asch-Experiment genannt) geht es um die Meinungsanpassung in einer Gruppe. Zur Vorbereitung scannen oder kopieren Sie die 15 Testlinien zur digitalen Verwendung ein. Für das Experiment benötigen Sie 13 freiwillige Schüler*innen, die Sie unter dem Vorwand eines Wahrnehmungsexperiments vor die Tür schicken. Acht der jetzt frei gewordenen Stühle werden vorn in der Klasse so in eine Reihe gestellt, dass die Projektion des Projektors von diesen Plätzen später gut erkennbar ist. Anschließend rufen Sie sieben der freiwilligen Schüler*innen, die sogenannten „instruierten Helfer*innen", wieder in den Klassenraum.
Weihen Sie diese sieben Schüler*innen zusammen mit dem Rest der Klasse in den Ablauf des Experiments ein. Die sieben instruierten Helfer*innen setzen sich vorn in einer Reihe so auf die Stühle, dass an sechster Stelle ein Platz für eine Versuchsperson frei bleibt – als „Versuchspersonen" werden diejenigen Schüler*innen bezeichnet, die jetzt noch vor der Tür stehen. Die erste der sechs Versuchspersonen kommt in den Klassenraum und nimmt auf dem freien Stuhl Platz. Schalten Sie den Projektor an und zeigen Sie den Schüler*innen die erste Aufgabe (die übrigen Aufgaben decken Sie ab): Es gibt pro Aufgabe eine Linie X (das ist die Referenzlinie). Daneben gibt es drei weitere Linien. Die Teilnehmer*innen sollen einschätzen, welche dieser drei Vergleichslinien genauso lang ist wie die Referenzlinie.
Die instruierten Helfer*innen geben in der Reihenfolge ihrer Sitzpositionen bei den ersten fünf Aufgaben das richtige Urteil ab – so erscheinen die Helfer*innen glaubhaft. Bei den nächsten fünf Aufgaben geben die Eingeweihten allerdings einstimmig ein falsches Urteil ab – sie folgen einer nicht korrekten Einschätzung, die die an erster Stelle sitzende instruierte Person abgibt. Die Frage bei diesen Durchgängen ist: Passt sich die Versuchsperson an das falsche Urteil der anderen an oder nicht?
Dieser Ablauf wird mit den restlichen Versuchspersonen ebenfalls durchgeführt. Der Rest der Klasse hat eine Beobachtungsaufgabe. Hier lässt sich der Druck der Gruppe auf den*die Einzelne*n beobachten.
In dem Original-Asch-Experiment passten sich 76 Prozent der Versuchspersonen mindestens einmal dem falschen Urteil der Gruppe an. Rund ein Viertel der Versuchspersonen verhielt sich nicht konform.

[6] Vgl. Asch, Salomon Elliot (1951): Effects of group pressure upon the modification and distortion of judgment. In H. Guetzkow (ed.) Groups, leadership and men. Pittsburgh, PA: Carnegie Press.

# Das Asch-Experiment 2/2

Lehrerhinweise

## Hinweis

Bitte entscheiden Sie umsichtig, ob dieses Experiment für Ihre Klasse geeignet ist.
Bei bestimmten Personen kann es schnell zur Meinungsanpassung kommen (das abzugebende Urteil wird oft durch mehrheitliche Ansichten gelenkt – Stichwort: Gruppendruck). Für das Experiment sollten keine ausgegrenzten Personen auswählt werden.

## Varianten

Die Schüler*innen bekommen auf Karten unterschiedlich lange Linien vorgelegt. Sie sollen die gleich langen Linien kennzeichnen. Auch hier gibt es wieder eine Gruppe der instruierten Helfer*innen. Mit diesen wird heimlich vereinbart, dass sie zwei unterschiedlich lange Linien als gleich lang kennzeichnen sollen. Es kann beobachtet werden, ob die Schüler*innen der nicht informierten Gruppe sich der falschen Meinung der anderen anschließen.

## Reflexion

→ Wie oft wurde die falsche Antwort von den Versuchspersonen genannt?
→ Wer hat sich angepasst? Woran lag es deiner Meinung nach? (Die Wirkung einer Gruppe auf das Individuum kann hier thematisiert werden. Auch über die Rolle des optischen Eindrucks, der Wahrnehmung oder des Gruppendrucks könnte gesprochen werden.)

# Das Asch-Experiment

Kopiervorlage: Testlinien

1)

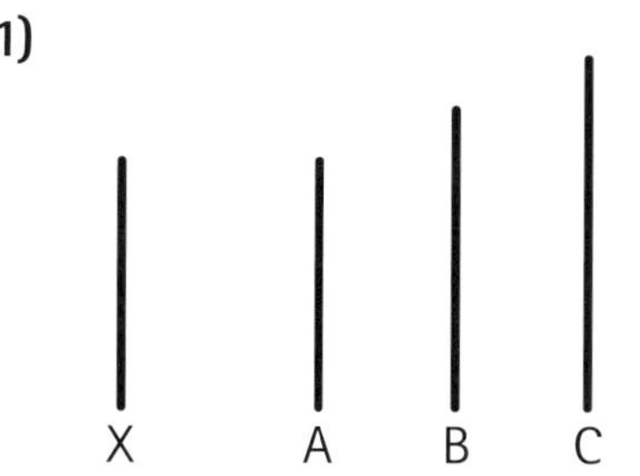


2)

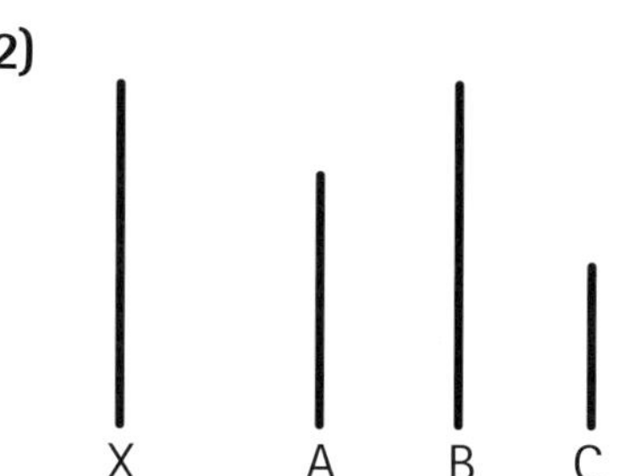


3)

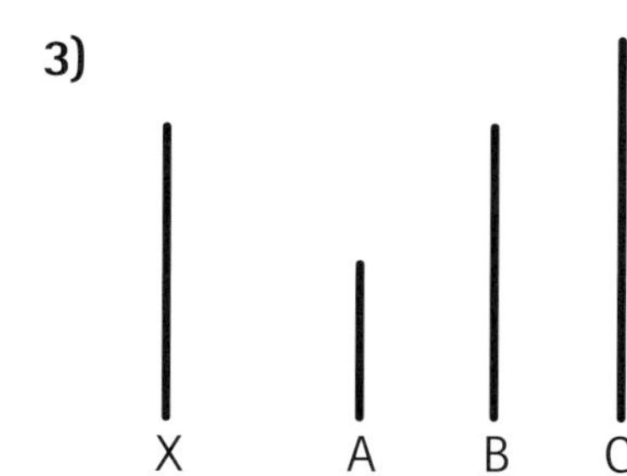


4)

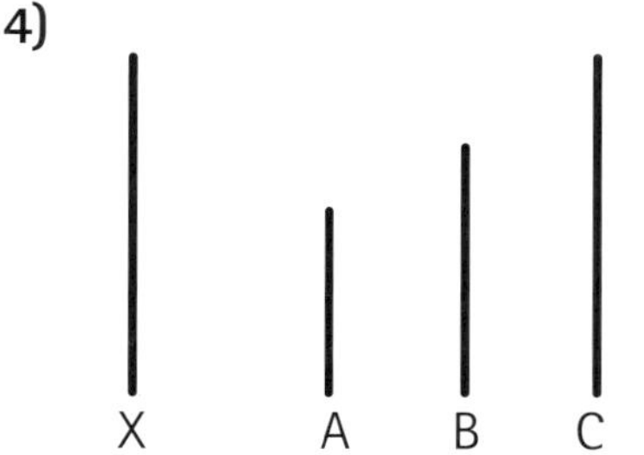


5)

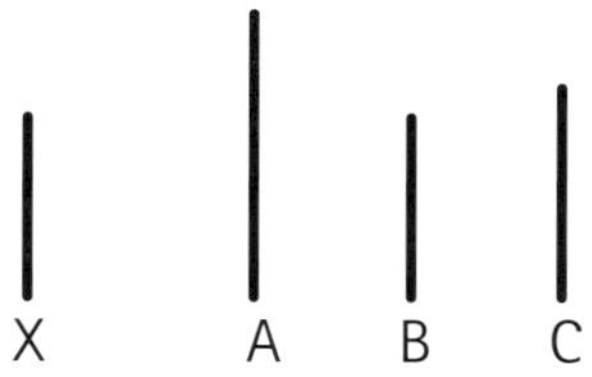

X A B C

6)

7)

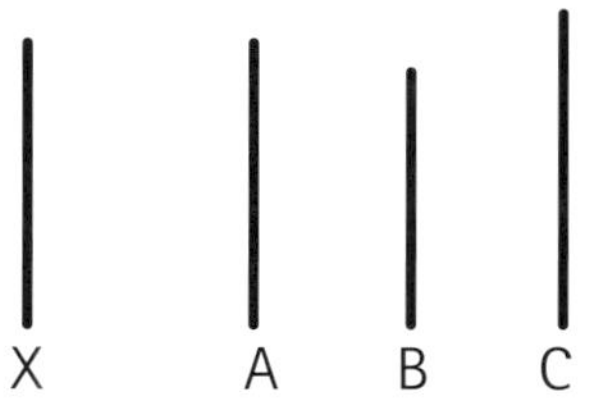

X A B C

8)

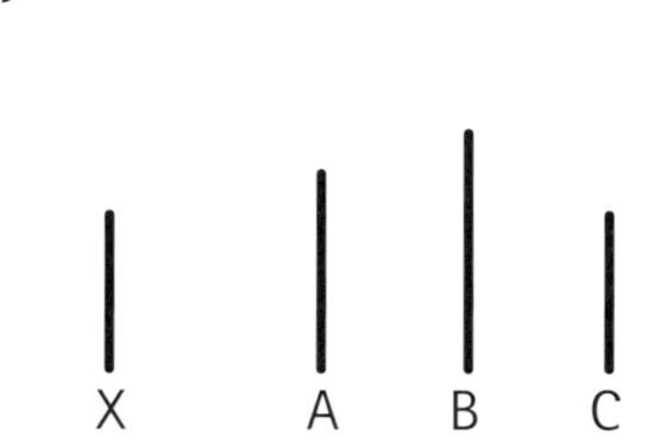


9)

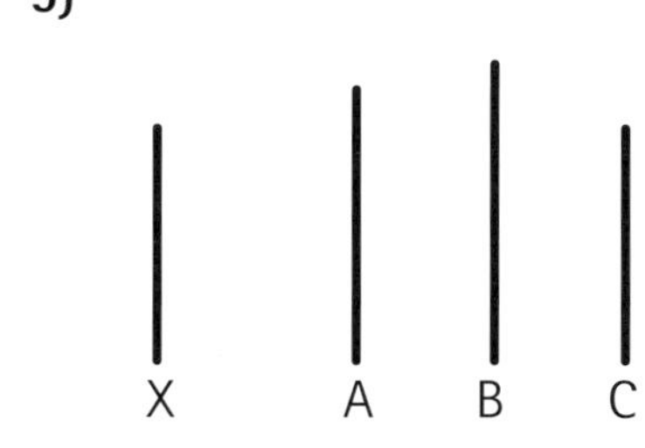


10)

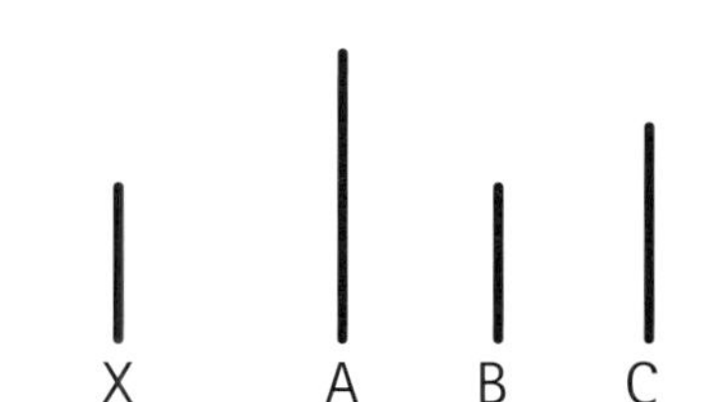


11)

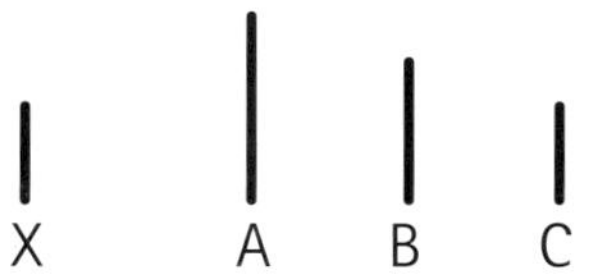

X A B C

12)

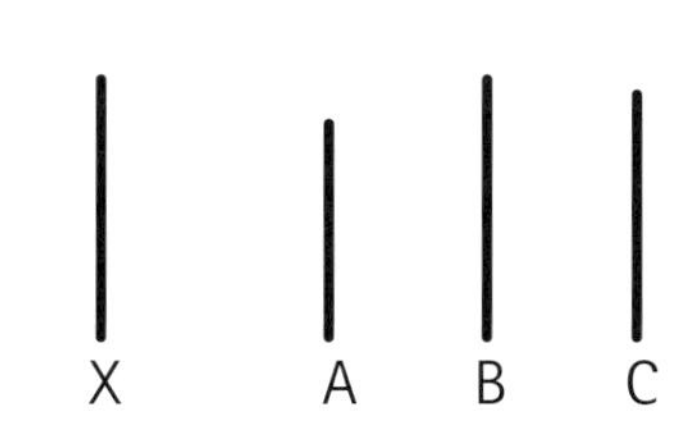


13)

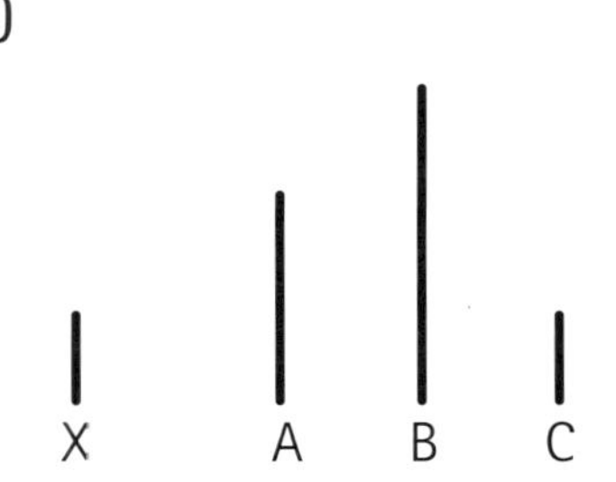


14)

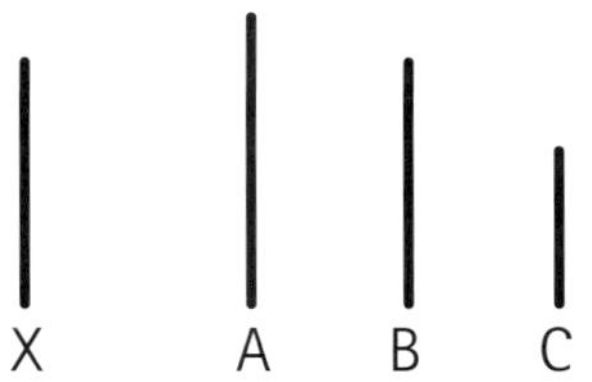

X A B C

15)

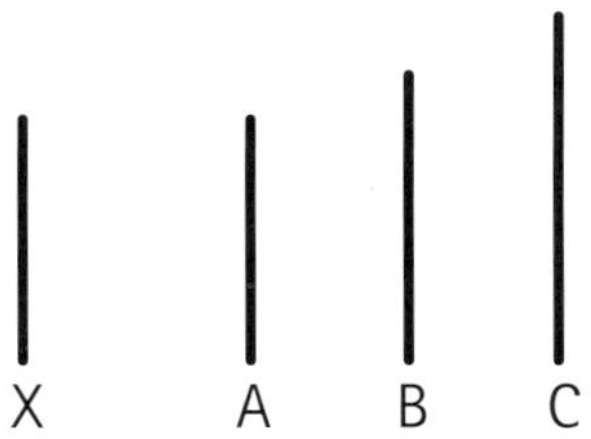

X A B C

# Eine Streitsituation lösen

Lehrerhinweise

**Spielart:** Rollenspiel

**Thema:** Umgang mit Ärger, Streit, Wut und Konflikten

**Ziel:** Konfliktsituationen darstellen und schauspielerisch lösen

**Klassenstufe:** 5–10

**Dauer:** 45 Minuten

**Sozialform:** Einzelarbeit, alle zusammen und Gruppenarbeit

**Material:** je Schüler*in 2 Karteikarten und ein Stift

## Beschreibung

Alle Schüler*innen erhalten zwei Karteikarten. Auf der ersten Karteikarte notieren sie den Satzanfang: „Ich werde wütend, wenn ...". Auf der zweiten schreiben sie „Wenn ich wütend bin, hilft mir ..., um mich zu beruhigen."
Die Beteiligten machen sich darüber Gedanken, was sie wütend macht und was sie tun können, um trotz der Wut ruhig zu bleiben. Sie notieren ihre Gedanken und vervollständigen die zweite Karteikarte mit Ideen, wie spazieren gehen, backen, tanzen, Musik hören usw.
Danach werden die Karten vorgelesen und die Überlegungen an der Tafel zusammengetragen. Anschließend gehen die Schüler*innen in Gruppen von drei bis fünf Personen zusammen und denken sich zu einem Konfliktfeld eine Streitsituation aus, die sie besprechen. Sie entwickeln daraus ein Rollenspiel – wichtig: Jedes Gruppenmitglied sollte eine Rolle erhalten. Am Ende präsentieren sie das Rollenspiel vor der Klasse. Die Beobachtenden schlagen Lösungen für den Konflikt vor.

## Hinweis

Sie können die Streitspirale nach den Rollenspielen im Unterricht vorstellen und behandeln. Den Begriff „Konflikt" sollten Sie hierbei gemeinsam mit den Schüler*innen definieren. Weitergehend können auch Verhaltensregeln für gewaltfreie Kommunikation thematisiert und auf einem Plakat notiert werden. Hier können allen Beteiligten wie bei einem Vertrag unterschreiben, damit die Regeln verbindlich für alle gelten.

## Variante

Sie können bei den Rollenspielen auch Streitanlässe und Konfliktfelder vorgeben. Die Schüler*innen können in ihren Gruppen dann eine Lösung für den Konflikt suchen und diese der Klasse beim Rollenspiel vorstellen.

## Reflexion

- → Wo kommt es im Alltag zu Konflikten und welche hast du schon erlebt?
- → Welche Tipps hast du, um einen Konflikt zu entschärfen oder Wut zu reduzieren?
- → Was meinst du – ist Streiten immer schlecht?

# Fantasiereise – Das Fremde erkunden

**Spielart:** Fantasiereise

**Thema:** Integration und Migration

**Ziel:** das Fremde erkunden und sich für eine Gemeinschaft entscheiden

**Klassenstufe:** 7–13

**Dauer:** circa 25 Minuten

**Sozialform:** alle zusammen

**Material:** Text zur Fantasiereise (Vorlage ab S. 38), Entspannungsmusik, je Schüler*in eine Matte oder eine andere bequeme Unterlage zum Sitzen, ein Blatt Papier und ein Stift

## Beschreibung

Im Vorfeld sollten Sie für gedämpftes Licht sorgen, Platz schaffen und Matten o. Ä. im Raum auslegen. Es sollte das Gefühl eines „fliegenden Teppichs" entstehen.
Alle Schüler*innen nehmen für die Fantasiereise auf der bequemen Unterlage Platz. Entspannungsmusik im Hintergrund unterstützt die Atmosphäre. Lesen Sie laut und deutlich die Fantasiereise vor und achtet Sie darauf, dass alle eine bequeme Haltung einnehmen. Eventuell können die Zuhörenden auch die Augen schließen.
Danach nutzen Sie die Fragen zur Reflexion für ein Gespräch mit den Schüler*innen. Am Ende können die Beteiligten sich entsprechend ihrer Inselwahl noch zusammensetzen und austauschen.

## Hinweis

Die verschiedenen Inseln stellen unterschiedliche Lebensformen dar, die auch im realen Leben ihre Entsprechung finden. Jede Lebensform muss akzeptiert werden. In diesem Zusammenhang kann Artikel 3 des Grundgesetzes thematisiert werden.

## Variante

Die Klasse organisiert eine Ausstellung mit dem Titel „Ich bin anders als du". Dabei schlüpfen die Schüler*innen in andere Persönlichkeiten und erzählen aus deren Sicht ihre Besonderheit oder Andersartigkeit mit Bildern, Plakaten und Steckbriefen. Alternativ kann die Klasse sich in einem Gedankenexperiment vorstellen: In einer Gemeinde haben alle die gleiche Erbanlage, weil sie geklont sind. Sie haben gleiche Fähigkeiten, Fertigkeiten und körperliche Stärken.
Die Klasse beschreibt das Leben in der Gemeinde.

## Reflexion

- Warum hast du dich für eine bestimmte Insel entschieden?
- Auf welcher Insel möchtest du auf keinen Fall leben?
- Wie sieht für dich die ideale Insel aus?
- Warum sind Menschen so unterschiedlich?
- Was haben die Normen und Regeln der Inseln mit unserer Gemeinschaft zu tun?

# Fantasiereise – Das Fremde erkunden

Kopiervorlage 1/2: Text zur Fantasiereise

Setze dich bequem hin und entspanne deine Muskeln. Schließe die Augen, lehne dich zurück oder lege deinen Kopf auf die Arme. Atme tief ein und aus. Nun genieße die Fantasiereise. Stelle dir vor, du sitzt gerade auf einem fliegenden Teppich. Wir fliegen durch das Fenster und verlassen das Klassenzimmer. Wir erfahren, dass dieser Ort zerstört wird, wir müssen auf eine unbekannte Insel. Es gibt also kein Zurück mehr. Wir reisen zu verschiedenen Inseln und gucken uns die neuen Kulturen und Lebensformen an. Wenn du auf einer Insel bleiben möchtest, notierst du dir die Standards dieser Insel und begründest, warum du hierbleiben möchtest.
Wir fliegen weiter hoch und sehen, wie die Häuser und Bäume immer kleiner werden.

Wir fliegen gerade über die **Insel Femos**.
Diese Insel wird von Frauen regiert – die Frauen haben das Sagen. Männer dürfen nur dann arbeiten, wenn sie noch nicht geheiratet haben oder es die Ehefrau erlaubt. Sonst kümmern sie sich um den Haushalt oder um die Erziehung der Kinder.
Die Männer dürfen ab 22 Uhr ohne eine weibliche Begleitung nicht aus dem Haus.
Sie dürfen auch keine Autos fahren. Frauen arbeiten auf der kleinen Insel als Handwerkerinnen, bei der Feuerwehr, sind Soldatinnen und in vielen anderen Berufen aktiv. Alle zwei Jahre wird eine neue Präsidentin gewählt.
Wir setzen unsere Reise fort und lernen die nächste Insel kennen. *[10 Sekunden Musik]*

Direkt neben der Insel Femos liegt die kleine **Insel Rationalos**.
Die Insel Rationalos ist gekennzeichnet durch das vernunftgeleitete und logische Handeln ihrer Bewohnerinnen und Bewohner. Die Menschen orientieren sich an wissenschaftlichen Erkenntnissen, die frei von Zweifeln sind. Das Volk legt Wert auf biotechnologischen Verfahren. Auch in der Lebensmittelproduktion und Tierhaltung kommt die Wissenschaft zum Einsatz. Die Menschen bilden sich in ihrer Freizeit weiter, sie forschen und entwickeln neue Theorien. Sie nutzen das Internet ganz selbstverständlich und ebenfalls andere Medien. Und sie haben großes Interesse an neuen fundierten Grundprinzipien. Das Volk legt Wert auf moderne Technik und setzt sie in seinem alltäglichen Leben ein. Die Gebäude sind hochmodern und technisch auf dem neusten Stand.
Wir setzen unsere Reise fort und lernen die nächste Insel kennen. *[10 Sekunden Musik]*

Wir fliegen über die **Insel Naturos**.
Die Menschen hier nähen und stricken sich ihre Kleider selber und tragen selbst gemachten Schmuck aus Naturprodukten. Die Menschen sind glücklich und summen oft. Sie leben mit der ganzen Familie in kleinen Öko-Lehmhäusern. Große Familien sind hier gerne gesehen. Auf der Insel gibt es sehr viele Pflanzen und Bäume, die ständig gepflegt werden. Die Menschen hier arbeiten oft in der Natur und ernähren sich von selbst gepflanztem Gemüse, Obst und was die Natur so hergibt. Sie sind frei von gesellschaftlichen Normen. Das Volk lebt mit der Natur im Einklang und liebt die Kunst. Abends führen die Menschen improvisierte Theaterstücke auf.
Wir setzen unsere Reise fort und lernen die nächste Insel kennen. *[10 Sekunden Musik]*

Wir fliegen über die **Insel Freedos**.
Freiheit und der eigene Wille haben auf der Insel die höchste Priorität. Hier sind den Menschen keine Grenzen gesetzt. Jede Person darf nach ihren Vorlieben ihr Leben gestalten. Auf dieser Insel gibt es keinen Leitfaden.
Alle handeln nach eigenen Begehren und verfügen nicht über Ordnung und Struktur. Die Menschen haben absolute Freiheit und freie Persönlichkeitsentwicklung. Sie wählen frei ihr Umfeld, ihre Lebensform und die Art ihrer Partnerschaft. Ihre Kleidung ist sehr unterschiedlich und vielfältig. Sie glauben an verschiedene Götter.
Wir setzen unsere Reise fort und lernen die nächste Insel kennen. *[10 Sekunden Musik]*

# Fantasiereise – Das Fremde erkunden

Kopiervorlage 2/2: Text zur Fantasiereise

Wir fliegen auf die **Insel Technikos.**
Die Menschen hier leben nach strengen Richtlinien und Gesetzen. Die Technik steht an erster Stelle – Spitzentechnologie macht die Insel aus. Viele Bewohnerinnen und Bewohner hier sind wohlhabend. Sie leben meist zurückgezogen in Smarthomes und kommunizieren in der Regel virtuell miteinander. Wenn sie ab und zu rausgehen, verwenden sie ihre fliegenden Autos, da die Insel sehr groß ist. Die Häuser und Gebäude sind aus Stahl und Beton. Die Hausarbeit wird größtenteils von Putzrobotern erledigt. Die meisten Familien haben keine Kinder oder nur ein Kind. Es gibt kaum grüne Flächen, dafür viel Verkehr. Die Infrastruktur ist gut ausgebaut. Auf der Insel gibt es wenige Geschäfte, da die Menschen Lebensmittel und andere Waren online bestellen. Geliefert werden die Pakete von Drohnen.
Wir setzen unsere Reise fort und lernen die nächste Insel kennen. *[10 Sekunden Musik]*

Wir fliegen auf die **Insel Machtos.**
Die Insel wird von einem Herrscher geführt, somit liegt die Macht bei ihm. Er bestimmt über Recht, Unrecht und über Gesetze. Alle anderen haben dem Willen des Herrschers zu folgen und ihm zu gehorchen. Sie sind Untertaninnen und Untertanen und handeln streng nach den geltenden Gesetzen. Auf dieser Insel wird Gewalt angewendet, wenn sich jemand dem Herrscher nicht unterwirft. Dieser legt viel Wert auf prächtige Bauwerke. Wer nach dem Willen des Herrschers handelt, lebt im Wohlstand und erhält ein beeindruckendes Haus.
Wir setzen unsere Reise fort und lernen die nächste Insel kennen. *[10 Sekunden Musik]*

Nun fliegen wir über die **Insel Nacktos.**
Hier leben die Menschen auf natürliche Art und Weise nackt und ohne Kleidung. Das Wetter hier ist tropisch. Die Bevölkerung trägt traditionell eine Kopfbedeckung und ein Unterlippen-Piercing. Die Frauen schmücken sich gerne mit Ketten und die Männer tragen einen dünnen Ledergürtel für ihre Werkzeuge. Sie leben in selbst gebauten Baumhütten. In den Familien gelten feste Regeln. Die Männer gehen jagen und fischen und in ihrer Freizeit widmen sie sich mit anderen Männern den Abenteuerspielen. Die Frauen kümmern sich um die Kinder und den Haushalt. Die Menschen hier haben oft Fleisch auf dem Teller. Auf dieser Insel kennt jede Person ihre Aufgaben und Pflichten.

Wir haben unsere Reise abgeschlossen, entscheide dich für eine Insel und begründe es.

# Interkulturelles Mau-Mau

Lehrerhinweise

| | | | |
|---|---|---|---|
| **Spielart:** | Kartenspiel | **Dauer:** | 45–60 Minuten |
| **Thema:** | das Fremde erkunden und verstehen | **Sozialform:** | Gruppenarbeit |
| **Ziel:** | interkulturelle Begegnung – Umgang mit neuen Regeln und Gesetzen | **Material:** | 6 Skat-Kartenspiele aus 32 Karten, die Spielregelkarten A–D (Vorlage ab S. 41), Zeitgeber, akustisches Signal (Gong o. Ä.) |
| **Klassenstufe:** | 7–13 | | |

## Beschreibung

Kopieren Sie die Spielregelkarten im Vorfeld einmal, schneiden Sie sie zu und laminieren Sie sie bestenfalls. Für die Spieldurchführung sollten an sechs Tischen je vier Stühle stehen, sodass 24 Teilnehmende spielen können. Alternativ können auch sechs Spielende an einem Gruppentisch sitzen. Die Gruppentische sollten mit genügend Abstand aufgestellt sein.
Jede Gruppe erhält eine Spielregelkarte und ein Skat-Kartenspiel. Jedes Gruppenmitglied bekommt davon fünf Karten. Die Schüler*innen spielen als Paare gegeneinander. Das 2er-Team sollte nicht nebeneinandersitzen, sondern über Kreuz. Im Spiel geht es darum, die Karten nach bestimmten Regeln möglichst schnell wieder abzulegen. Gewonnen hat die Person (und somit das 2er-Team), die am Ende keine Karten mehr hat. (Das Gewinnerteam stellt symbolisch die Aufnahmegesellschaft dar.)
Die Regeln sind für die Gruppen individuell auf einer Spielregelkarte festgehalten, wobei die Spielenden nicht darüber informiert werden, dass an jede Gruppe andere Regeln ausgeteilt werden. Nach 5 Minuten Übungszeit sammeln Sie die Spielregelkarten wieder ein und niemand darf mehr über die Regeln reden. Die erste Runde beginnt.
Nach 5 bis 10 Minuten Spielzeit geben Sie ein akustisches Signal. Die jeweiligen Verliererteams wechseln den Platz und gehen im Uhrzeigersinn einen Gruppentisch weiter. (Sie emigrieren symbolisch in ein neues Land mit neuen Werten, Normen und Gesetzen.) Dabei dürfen sie nicht reden, damit die Spielenden nicht erfahren, dass verschiedene Spielregeln gelten.
Nach drei Runden kann das Spiel beendet werden.

## Reflexion

- → Wie hast du auf die neuen Regeln reagiert? Wie hast du die Situation nach der zweiten und dritten Runde wahrgenommen?
- → Welche Strategien hast du entwickelt, um weiter mitzuspielen?
- → Was hat dieses Spiel mit internationalen Begegnungen, Integration und Migration zu tun?
- → Welche Strategien lassen sich auf die Konstellation übertragen, dass sich Menschen mit anderen kulturellen Hintergründen begegnen?
- → Wie definierst du „Migration" und „Integration"? (Hier können auch Schlagworte wie Integrationsprozesse, Parallelgesellschaft und Aufnahmegesellschaft thematisiert werden.)

# Interkulturelles Mau-Mau

Kopiervorlage 1/4: Spielregeln für interkulturelles Mau-Mau

## A) Spielregeln für Mau-Mau-Kartenspiel

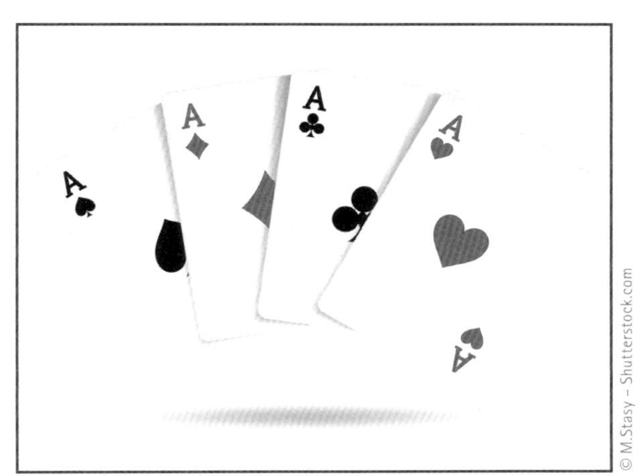


**Darum geht es in dem Spiel:** Die Beteiligten erhalten fünf Karten, die sie möglichst schnell wieder ablegen sollten. Sie spielen in 2er-Teams. Gewonnen hat die Person, die keine Karten mehr auf der Hand hat, und somit auch das Team.

**So beginnt das Spiel:** Eine Karte liegt in der Mitte offen auf dem Tisch, der restliche Stapel liegt verdeckt. Das jüngste Spielmitglied beginnt, im Uhrzeigersinn verläuft das Spiel weiter.

**Die Regeln:** Die Karten mit gleicher Farbe, gleicher Zahl oder gleichem Bild dürfen aufeinander abgelegt werden. Kann keine Karte ablegt werden, müssen die Spielenden eine Karte ziehen.

Wird die **Dame** gespielt, setzt die nächste Person aus.
Wird ein **König** gespielt und die nachfolgende Person kann keinen König ablegen, muss sie zwei Karten ziehen. Wenn zwei Könige aufeinanderliegen, muss die nächste Person vier Karten ziehen, wenn sie keinen König ablegen kann.
Wird ein **Bube** gespielt, darf die Person zwei Karten zufällig mit den anderen Mitspielenden tauschen, ohne zu sehen, welche Karten sie bekommt.
Wird eine **7** abgelegt, darf die Person eine Karte an ein Spielmitglied freier Wahl abgeben.
Wird eine **10** gespielt, wechselt die Spielrichtung.

Kann eine Person keine Karte ablegen, muss sie eine Karte vom verdeckten Stapel ziehen. Kann sie diese nicht ablegen, ist die nächste Person dran. Beim Ablegen der vorletzten Karte muss die spielende Person „Mau-Mau letzte Karte" rufen, sonst muss sie eine Strafkarte ziehen. Ist der Stapel verbraucht, kann er von der letzten Person gemischt und wieder verdeckt auf den Tisch gelegt werden.

**Im Überblick:**

→ Dame = nächste Person setzt aus
→ König = nächste Person zieht zwei Karten; liegen zwei Könige übereinander, zieht die nächste Person vier Karten
→ Bube = zwei Karten mit den Mitspielenden tauschen
→ Zahl 7 = zwei Karten an eine andere Person abgeben
→ Zahl 10 = Spielrichtungswechsel

# Interkulturelles Mau-Mau

Kopiervorlage 2/4: Spielregeln für interkulturelles Mau-Mau

## B) Spielregeln für Mau-Mau-Kartenspiel

© M.Stasy – Shutterstock.com

**Darum geht es in dem Spiel:** Die Beteiligten erhalten fünf Karten, die sie möglichst schnell wieder ablegen sollten. Gewonnen hat die Person, die keine Karte mehr auf der Hand hat.

**So beginnt das Spiel:** Eine Karte liegt in der Mitte offen auf dem Tisch. Der restliche Stapel liegt verdeckt. Die kleinste Person fängt an, im Uhrzeigersinn verläuft das Spiel weiter.

**Die Regeln:** Die Karten mit gleicher Farbe, gleicher Zahl oder gleichem Bild dürfen aufeinander in die Mitte abgelegt werden. Kann keine Karte ablegt werden, müssen die Spielenden eine Karte ziehen.

Wird die **10** gespielt, setzt die nächste Person aus.
Wird die **7** gespielt und die nachfolgende Person kann keine 7 ablegen, muss sie zwei Karten ziehen. Wenn zwei Karten mit der Zahl 7 aufeinanderliegen, muss die nächste Person vier Karten ziehen, wenn sie keine 7 ablegen kann.
Wird eine **Dame** gespielt, darf die Person zwei Karten mit den anderen Mitspielenden tauschen, ohne zu sehen, welche Karten sie bekommt.
Wird ein **König** abgelegt, darf die Person eine Karte an ein Spielmitglied freier Wahl abgeben.
Wird der **Bube** gespielt, wechselt sich die Spielrichtung.

Kann eine Person keine Karte ablegen, muss sie eine Karte vom verdeckten Stapel ziehen. Kann sie immer noch nicht spielen, ist die nächste Person dran. Bei der vorletzten Karte muss die spielende Person „Mau-Mau letzte Karte" rufen, sonst muss sie eine Strafkarte ziehen.
Ist der Stapel verbraucht, kann er von der letzten Person gemischt und wieder verdeckt auf den Tisch gelegt werden.

**Im Überblick:**
- → Zahl 10 = nächste Person setzt aus
- → Zahl 7 = nächste Person zieht zwei Karten; liegen zwei 7er übereinander, zieht die nächste Person vier Karten
- → Dame = zwei Karten mit den Mitspielenden tauschen
- → König = zwei Karten an eine andere Person abgeben
- → Bube = Spielrichtungswechsel

# Interkulturelles Mau-Mau



## C) Spielregeln für Mau-Mau-Kartenspiel

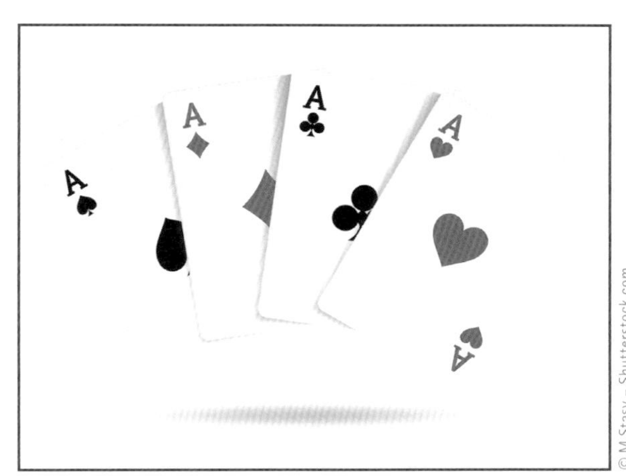

© M.Stasy – Shutterstock.com

**Darum geht es in dem Spiel:** Die Beteiligten erhalten fünf Karten, die sie möglichst schnell wieder ablegen sollten. Gewonnen hat die Person, die keine Karten mehr auf der Hand hat.

**So beginnt das Spiel:** Eine Karte liegt in der Mitte offen auf dem Tisch. Der restliche Stapel liegt verdeckt. Die älteste Person fängt an, im Uhrzeigersinn verläuft das Spiel weiter.

**Die Regeln:** Die Karten mit gleicher Farbe, gleicher Zahl oder gleichem Bild dürfen aufeinander in die Mitte abgelegt werden. Kann keine Karte ablegt werden, muss die nächste Person eine Karte ziehen.

Wird ein **König** gespielt, setzt die nächste Person aus.
Wird ein **Bube** gespielt und die nachfolgende Person kann keinen Buben ablegen, muss sie zwei Karten ziehen. Wenn zwei Buben aufeinanderliegen, muss die nächste Person vier Karten ziehen, wenn sie keinen Buben ablegen kann.
Wird die **10** gespielt, darf die Person zwei Karten mit den anderen Mitspielenden tauschen, ohne zu sehen, welche Karten sie bekommt.
Wird die **7** abgelegt, darf die Person eine Karte an ein Spielmitglied freier Wahl abgeben.
Wird die **Dame** gespielt, wechselt sich die Spielrichtung.

Kann eine Person keine Karte ablegen, muss sie eine Karte vom verdeckten Stapel ziehen. Kann sie immer noch nicht spielen, ist die nächste Person dran. Bei der vorletzten Karte muss die spielende Person „Mau-Mau letzte Karte" rufen, sonst muss sie eine Strafkarte ziehen.
Ist der Stapel verbraucht, kann er von der letzten Person gemischt und wieder verdeckt auf den Tisch gelegt werden.

**Im Überblick:**
- → König = nächste Person setzt aus
- → Bube = nächste Person zieht zwei Karten; liegen zwei Buben übereinander, zieht die nächste Person vier Karten
- → Zahl 10 = zwei Karten mit den Mitspielenden tauschen
- → Zahl 7 = zwei Karten an eine andere Person abgeben
- → Dame = Spielrichtungswechsel

# Interkulturelles Mau-Mau

Kopiervorlage 4/4: Spielregeln für interkulturelles Mau-Mau

## D) Spielregeln für Mau-Mau-Kartenspiel

© M.Stasy – Shutterstock.com

**Darum geht es in dem Spiel:** Die Beteiligten erhalten fünf Karten, die sie möglichst schnell wieder ablegen sollten. Gewonnen hat die Person, die keine Karten mehr auf der Hand hat.

**So beginnt das Spiel:** Eine Karte liegt in der Mitte offen auf dem Tisch. Der restliche Stapel liegt verdeckt auf dem Tisch. Die größte Person fängt an und im Uhrzeigersinn verläuft das Spiel weiter.

**Die Regeln:** Die Karten mit gleicher Farbe, gleicher Zahl oder gleichem Bild dürfen aufeinander in die Mitte abgelegt werden. Kann keine Karte ablegt werden, muss die Person eine Karte ziehen.

Wird ein **König** gespielt, setzt die nächste Person aus.
Wird ein **Bube** gespielt und die nachfolgende Person kann keinen Buben ablegen, muss sie zwei Karten ziehen. Wenn zwei Buben aufeinanderliegen, muss die nächste Person vier Karten ziehen, wenn sie keinen Buben ablegen kann.
Wird die **10** gespielt, darf die Person zwei Karten mit den anderen Mitspielenden tauschen, ohne zu sehen, welche Karten sie bekommt.
Wird die **7** abgelegt, darf die Person zwei Karten an ein Spielmitglied freier Wahl abgeben.
Wird ein **Ass** gespielt, wechselt sich die Spielrichtung.

Kann eine Person keine Karte ablegen, muss sie eine Karte vom verdeckten Stapel ziehen. Kann sie diese nicht ablegen, ist die nächste Person dran. Bei der vorletzten Karte müssen die Spielenden „Mau-Mau letzte Karte" rufen, sonst muss die Person eine Strafkarte ziehen.
Ist der Stapel verbraucht, kann er von der letzten Person gemischt und wieder verdeckt auf den Tisch gelegt werden.

**Im Überblick:**
➔ König = nächste Person setzt aus
➔ Bube = nächste Person zieht zwei Karten; liegen zwei Buben übereinander, zieht die nächste Person vier Karten
➔ Zahl 10 = zwei Karten mit den Mitspielenden tauschen
➔ Zahl 7 = zwei Karten an eine andere Person abgeben
➔ Ass = Spielrichtungswechsel

# Schere - Stein - Papier

Lehrerhinweise

**Spielart:** Kommunikationsspiel
**Thema:** Rollen- und Gruppenverhalten
**Ziel:** gemeinsam sich auf Ergebnisse einigen

**Klassenstufe:** 5–13
**Dauer:** circa 5 Minuten
**Sozialform:** alle zusammen
**Material:** –

## Beschreibung

Teilen Sie die Klasse in zwei gleich große Teams auf. Jedes Team zieht sich eine Weile zurück und einigt sich gemeinsam auf eine Reihenfolge dreier Zeichen, die das Team anschließend im Spiel kollektiv hintereinander zeigt. Zur Auswahl stehen Schere, Stein oder Papier. Die Teams sollten leise ihre Zeichen miteinander absprechen, damit das gegnerische Team es nicht mitbekommt. Das eigentliche Spiel beginnt, wenn die Teams sich in zwei Reihen gegenüberstehen. Auf das Kommando „Schere – Stein – Papier" klopfen alle Spielenden mit der Faust auf die andere Handinnenfläche und zeigen sich gegenseitig gemeinsam ihr erstes Zeichen. Wenn alle in einem Team einheitlich das stärkere Zeichen zeigen, bekommt das Team einen Punkt. Spielregeln: Schere schlägt Papier, Stein schlägt Schere, Papier schlägt Stein. Bei gleichen Zeichen beider Teams gibt es ein Unentschieden.

## Variante

**Evolutionsspiel „Schere – Stein – Papier"**

Es ist ein Entwicklungsspiel und die Beteiligten durchlaufen vier Stadien der Evolution.

1. Alle beginnen als Amöben, laufen herum und machen Brustschwimmbewegungen. Trifft eine Amöbe auf eine andere Amöbe, spielen sie so lange gegeneinander Schere – Stein – Papier bis eine*r der Beteiligten drei Punkte erreicht hat.
2. Die Gewinner*innen entwickeln sich dann zu Affen und suchen sich ebenfalls Affen als Gegenspieler*in. Dabei laufen die Affen mit gekrümmtem Rücken und halten beide Hände unter den Armen und geben „Uh-Uh-Rufe" von sich. Die Gewinner*innen entwickeln sich weiter zum Menschen, die Verlierer*innen werden wieder zur Amöbe. Alle suchen eine Person auf dem eigenen Entwicklungsstand und spielen weiter.
3. Der Mensch hat einen aufrechten Gang, läuft herum und spielt gegen einen anderen Menschen. Die Gewinner*innen werden zum Roboter, die Verlierer*innen zum Affen.
4. Der Roboter macht mit den Armen kurze, stoppende Bewegungen. Es gewinnt der Roboter, der gegen einen anderen Roboter als Erster drei Punkte macht. Es können mehrere gleichzeitig gewinnen.

## Reflexion

→ Wie hat sich dein Team auf die drei Zeichen geeinigt? (Hier soll eine Reflexion der Prozessbeobachtung stattfinden.)

# Luftballon hochhalten

Lehrerhinweise

**Spielart:** Kommunikationsspiel

**Thema:** Verantwortung für sich und andere tragen

**Ziel:** gemeinsam Stärke beweisen

**Klassenstufe:** 5–7

**Dauer:** circa 10 Minuten

**Sozialform:** Gruppenarbeit

**Material:** je 5er-Gruppe ein Luftballon

## Beschreibung

Für dieses Spiel ist Platz notwendig. Im Klassenzimmer sollten Sie einige oder auch alle Tische und Stühle zur Seite schieben, damit sich die Schüler*innen gut im Klassenzimmer verteilen können und reichlich Abstand zueinander haben. Bei schönem Wetter eignet sich das Spiel auch für draußen.
Die Klasse bildet 5er-Gruppen und jede Gruppe erhält einen Luftballon.
Ziel des Spiels ist es, dass die Gruppe den Luftballon so oft wie möglich hochspielt, ohne ihn fallen zu lassen oder zwischendurch zu fangen. Jeder Ballonkontakt ergibt einen Punkt. Die Gruppe zählt laut mit. Der Luftballon muss ständig von unterschiedlichen Spielenden berührt werden. Jede Person muss mindestens einmal Kontakt zu dem Luftballon gehabt haben, damit das Team am Ende gewinnt.

## Variante

Um den Schwierigkeitsgrad zu erhöhen, kann anstelle des Luftballons ein Softball hochgespielt werden. Ferner kann die Gruppenzahl der Beteiligten nach und nach vergrößert werden, bis die ganze Klasse zusammenspielt. Allerdings sollte auch die Anzahl der Luftballons, möglichst in unterschiedlichen Farben, ebenfalls erhöht werden. In dem Fall sind Beobachter*innen pro Luftballon notwendig, damit sie die Ballkontakte und den Punktestand mitzählen.

## Reflexion

→ Sind alle in deiner Gruppe mit dem Ballon in Kontakt gekommen?
→ Was hat dieses Spiel mit dem Verhalten in einer Gruppe und dem Vertrauen in einer Gruppe zu tun?
→ Überlege dir mit den anderen Mitgliedern deiner 5er-Gruppe ein neues Spiel mit den Luftballons und notiert die Spielregeln. Anschließend darf deine Gruppe das Spiel ausprobieren und vorstellen.

# Star und Leibwächter*in

**Spielart:** Kommunikationsspiel
**Thema:** füreinander da sein
**Ziel:** eine*n Freund*in beschützen
**Klassenstufe:** 5–7
**Dauer:** circa 10 Minuten
**Sozialform:** Gruppenarbeit
**Material:** je 5er-Gruppe ein Softball und ein buntes Band, das als Armbinde oder Schärpe genutzt werden kann

## Beschreibung

Für dieses Spiel ist viel Platz notwendig. Am besten gehen Sie mit den Schüler*innen in eine Turnhalle. Bei schönem Wetter eignet sich das Spiel auch für draußen.
Die Beteiligten bilden 5er-Gruppen. Jede Gruppe erhält einen Softball und ein buntes Band. Die Gruppen verteilen sich im Raum und haben reichlich Abstand zueinander, sodass sie sich nicht berühren. In jeder Gruppe wird ein*e Schüler*in als Star bestimmt, diese Person trägt von nun an das Band. Sie stellt sich in die Mitte und zwei weitere Personen versuchen von außen, den Star mit dem Ball abzuwerfen. Der Star wiederum hat zwei Bodyguards, die ihn beschützen und versuchen, zu verhindern, dass der Star getroffen wird. Misslingt dies, darf reihum eine andere Person den VIP-Platz einnehmen.

## Variante

Um den Schwierigkeitsgrad zu erhöhen, können nach und nach mehrere Gruppen zusammenspielen, bis die ganze Klasse eine Gruppe bildet. Dann stehen alle im Kreis und versuchen, die Stars abzuwerfen, die von den Bodyguards beschützt werden. Bei einem großen Kreis können entsprechend mehr Stars und Bodyguards in der Mitte stehen. Besonders schwierig wird es, wenn mehrere Bälle im Spiel sind. Die Stars können berühmte Persönlichkeiten verkörpern, z. B. Schauspieler*in, Sänger*in, Rapper*in, Fußballspieler*in ...

## Reflexion

- Hat dieses Spiel für dich etwas mit Freundschaft zu tun? Warum siehst du das so?
- Wer hat dich bisher in deinem Leben beschützt? Wie hat dieser Schutz ausgesehen?
- Wann hast du schon mal eine Person beschützt? Auf welche Weise hast du die Person beschützt?

# Positionslinie 1/2

Lehrerhinweise

**Spielart:** Kommunikationsspiel

**Thema:** Rassismus keine Chance geben

**Ziel:** über Meinungsabfragen Abgrenzung und Ausgrenzung verdeutlichen

**Klassenstufe:** 5–7

**Dauer:** circa 10 Minuten

**Sozialform:** Gruppenarbeit

**Material:** Klebeband, DIN-A4-Papier mit dem Text „Ja, stimme zu", DIN-A4-Papier mit dem Text „Nein, stimme nicht zu"

## Beschreibung

Bereiten Sie die Positionslinie vor, indem Sie das Klebeband einmal quer durch das Klassenzimmer ziehen. Schaffen Sie entlang der Linie Raum, sodass sich die Schüler*innen gut aufstellen können. Markieren Sie auf der Linie Positionen: In der Mitte des Raumes ist der Ausgangspunkt, auf dem alle Befragten stehen. Vorn an die Linie kleben Sie das Papier mit „Ja, stimme zu", hinten an die Linie kommt „Nein, stimme nicht zu".
Stellen Sie den Schüler*innen die unten angegebenen Fragen. Die spontanen Meinungsäußerungen der Beteiligten sollen mit dem Spiel abgefragt werden. So erkennt man, wie sie über eine Frage denken. Wenn die Befragten einer Aussage zustimmen, gehen Sie zu der entsprechenden Position. Vor jeder neuen Frage stellen sich die Befragten wieder in die Mitte.
Erkundigen Sie sich zwischendurch immer wieder danach, warum die Beteiligten an einer bestimmten Stelle stehen, und lassen Sie sich die Motive erklären.

**Fragenkatalog zur Positionslinie:**

- ➔ Findest du die Frage „Wie ist es bei euch?" rassistisch?
- ➔ Stimmst du der Aussage „Ich stecke voller Vorurteile!" zu?
- ➔ Findest du es wichtig, aufeinander zuzugehen und Vorurteile abzubauen?
- ➔ Bist du schon mal gefragt worden: „Wo kommst du her?" oder „Wie ist es bei euch?"?
- ➔ Hast du die Aussage gehört: „Du sprichst aber gut Deutsch!"?
- ➔ Wünschst du dir eine andere Haarfarbe?
- ➔ Hast du Freundinnen oder Freunde, die schon mal diskriminiert wurden?
- ➔ Ist Rassismus böse?
- ➔ Stimmst du der Aussage „Die Hautfarbe spielt bei der Partnerwahl für mich eine Rolle!" zu?
- ➔ Ist Vielfalt in der Gesellschaft gewünscht?
- ➔ Haben schwarze Menschen Rhythmus im Blut und können sich gut bewegen?
- ➔ Haben weiße und schwarze Menschen die gleichen Chancen?
- ➔ Was meinst du zu folgender Aussage: „Wenn ich bei einer Bewerbung abgelehnt werde, weiß ich, dass es nichts mit meiner Hautfarbe, Nationalität oder meinem Geschlecht zu tun hat!"?

## Hinweis

Nach einer Unterrichtsreihe und intensiven Behandlung des Themas Rassismus kann die Positionslinie wiederholt werden.

## Variante

In einem „Privilege Walk" (bekannt auch unter der Bezeichnung „Ein Schritt nach vorn") geht es um die Fragen: „Wie privilegiert bin ich eigentlich?" und „Welche Hürden gibt es für nicht privilegierte Menschen?". Es geht letztlich darum, wer im Leben weiterkommt als andere. Nach jeder Frage können die Beteiligten einen Schritt nach vorn machen, wenn sie die Frage mit „Ja" beantworten, und einen Schritt nach hinten, wenn sie die Frage mit „Nein" beantworten. Sie können dabei zu Themenbereichen wie Chancengleichheit, Diskriminierung, Behinderung und Armut Fragen stellen. Folgende Gebiete können beleuchtet werden, um zu erkennen, ob bestimmte Personen eher zur privilegierten Gruppe oder zur benachteiligten Gruppe gehören.

- **Hautfarbe** ► Themen: Polizeikontrolle, Berufschance etc. ► Privileg/Hürde z. B.: Gehörst du mit deiner Hautfarbe zur Mehrheit der Bevölkerung?
- **Gesellschaftsschicht** ► Themen: Abschluss, finanzielle und ideelle Unterstützung etc. ► Privileg/Hürde z. B.: Haben deine Eltern einen sicheren Job oder akademischen Abschluss?
- **Geschlecht** ► Themen: Beruf, Verdienst, Kleidung und Make-up, Belästigung etc. ► Privileg/Hürde z. B.: Bist du ein Mann? Bist du eine Frau?
- **Sexuelle Orientierung** ► Themen: Heiraten, Kinder adoptieren etc. ► Privileg/Hürde z. B.: Darfst du mit jeder Person eine Familie gründen so, wie du es möchtest?
- **Aussehen** ► Themen: Kleidergröße, Augenfarbe, Brillenträger*in etc. ► Privileg/Hürde z. B.: Kannst du dein Äußeres nach deinen Wünschen gestalten?
- **Krankheiten/Behinderung** ► Themen: Einschränkungen beim Sport, Probleme bei Barrieren etc. ► Themen: Bist du gesund? Kannst du schwimmen? Kannst du Fahrradfahren?

**Wichtige Fragen für den „Privilege Walk":**

- Wie war es für dich, einen Schritt vorwärts zu kommen oder zurückzubleiben?
- Wie kann mehr Gerechtigkeit oder Chancengleichheit für Menschen hergestellt werden?

## Reflexion

- Wie definierst du „Rassismus"?
- Welche Vorurteile existieren deinem Empfinden nach in der Gesellschaft?
- Wie können Menschen Rassismus im Alltag abbauen?
- Was sind positive und negative Vorurteile?
- Kennst du Vorurteile, die man Lehrkräften oder Schüler*innen gegenüber hat?

# Die Insel und die neue Gesellschaft 1/2

Lehrerhinweise

**Spielart:** Entscheidungs- und Kommunikationsspiel

**Thema:** Gesellschaft und Menschenbilder

**Ziel:** eine Gesellschaft aufbauen, dabei Ausschlussmechanismen anwenden

**Klassenstufe:** 5–7

**Dauer:** circa 30 Minuten

**Sozialform:** Einzel-, Partner- und dann Gruppenarbeit

**Material:** je Schüler*in eine Personenliste (Vorlage S. 52) und ein Stift, Zeitgeber

## Beschreibung

Kopieren Sie für jede*n Schüler*in im Vorfeld einmal die Personenliste.
Bei diesem Spiel sollen die Beteiligten an Gruppentischen zu viert bis sechst sitzen, daher müssen die Tische und Stühle entsprechend zusammengestellt werden.
„Die Insel und die neue Gesellschaft" ist ein bewährtes Entscheidungsspiel, das auf Vorurteile und Stereotype Bezug nimmt. Es dient der Sensibilisierung für Diskriminierung schwächerer Gruppen. Dafür erhält jede*r eine Liste, auf der 20 Personen mit verschiedenen Diversitätsmerkmalen stehen. Jede*r muss sich dann für fünf dieser Personen entscheiden. Dieses Spiel verdeutlicht Ausschlussmechanismen und basiert auf Vorurteilen und Stereotypen.

**Phase I**
Zunächst wählen die Schüler*innen in Einzelarbeit fünf Personen aus der Liste aus, mit denen sie eine neue Gesellschaft auf einer Insel aufbauen möchten. Sie notieren sich die Auswahl mitsamt ihren Begründungen.

**Phase II**
Die Schüler*innen erhalten 5 Minuten Zeit, um sich zu zweit für fünf Personen aus der Liste zu entscheiden. Wichtig ist dabei, dass sie hier ebenfalls ihre Argumente notieren. Warum haben sie bewusst jeweils diese Person ausgewählt?

**Phase III**
Anschließend bekommen die Schüler*innen 10 Minuten, um sich in Kleingruppen für fünf Personen aus der Liste argumentativ zu entscheiden. Die Beteiligten sollen miteinander kommunizieren und argumentieren.

**Sicherung**
Jede Gruppe stellt ihr Ergebnis vor. Die Lehrkraft notiert für alle sichtbar, für welche Personen die Klasse sich am Ende entschieden hat, indem sie jeweils die fünf Personen der einzelnen Gruppen an der Tafel festhält.

## Hinweis

- Wenn eine Person sich einem Stereotyp zugehörig fühlt, darf diese nicht ausgegrenzt werden. Die Stereotypen dürfen sich nicht verfestigen.
- Die Gruppenbildung kann durch Auszählung gesteuert werden.
- Die Gruppen können sich für ihre Gesellschaft einen Gruppennamen geben.
- Lassen Sie bitte Raum für offene Fragen und Diskussionen!

## Variante

Eine Möglichkeit ist, die Schüler*innen nur fünf beliebige Gegenstände auf die Insel mitnehmen zu lassen. Alternativ können Sie acht Schüler*innen auswählen, die jeweils eine Rollenkarte mit verschiedenen Diversitätsmerkmalen bekommen: Umweltaktivist*in, Lehrer*in, Millionär*in, Mediziner*in, Pornodarsteller*in, Pilot*in, schwangere Frau und Menschenrechtsverteidiger*in. Alle wollen auf einer Yacht mitfahren, dabei gibt es jedoch nur noch fünf freie Plätze und die acht Personen entscheiden in einer Plenumsdiskussion, welche drei Personen von der Gästeliste gestrichen werden.

## Reflexion

- Wen hast du ausgewählt? Wie begründest du deine Auswahl?
- Wie hast du dich bei der Entscheidung gefühlt?
- Wen habt ihr in der Klasse insgesamt mehrheitlich ausgewählt? Ist ein Muster für dich erkennbar?
- Findest du das Spiel diskriminierend?
- Sind für dich die angegebenen Merkmale ausreichend, um eine Entscheidung zu treffen? (Hier könnte es in die Richtung gehen, dass die Darstellung nach Ansicht der Schüler*innen doch tendenziell zu plakativ ist.)
- Wer wird in unserer heutigen Gesellschaft ausgeschlossen? Wie und warum ist das der Fall?
- Wie definierst du die Begriffe „Vorurteile“ und „Rassismus“?

# Die Insel und die neue Gesellschaft

Kopiervorlage: Personenliste

**Du darfst auf einer Insel eine neue Gesellschaft mitaufbauen. Dabei entscheidest du dich aus der folgenden Liste für fünf Personen, mit denen du die neue Gesellschaft gründen möchtest.**

| **männlich** | **weiblich** |
|---|---|
| muslimischer Psychologe | muslimische Psychologin |
| kurdischer Matheprofessor | kurdische Matheprofessorin |
| hinduistischer Chirurg | hinduistische Chirurgin |
| jüdischer Fahrradhändler | jüdische Fahrradhändlerin |
| Manager | Managerin |
| afghanischer Journalist | afghanische Journalistin |
| rechtsextremer Tischler | rechtsextreme Tischlerin |
| dunkelhäutiger Polizist | dunkelhäutige Polizistin |
| homosexueller Rechtsanwalt | homosexuelle Rechtsanwältin |
| blinder Pastor | blinde Pastorin |
| gehörloser Schriftsteller | gehörlose Schriftstellerin |
| Pornodarsteller | Pornodarstellerin |
| krimineller Bankangestellter | kriminelle Bankangestellte |
| Hip-Hop-Musiker | Hip-Hop-Musikerin |
| arbeitsloser Grieche | arbeitslose Griechin |
| kleinwüchsiger Haushälter | kleinwüchsige Haushälterin |
| Obdachloser | Obdachlose |
| Millionär mit Sehschwäche | Millionärin mit Sehschwäche |
| Geschäftsführer im Rollstuhl | Geschäftsführerin im Rollstuhl |
| illegaler Einwanderer | illegale Einwanderin |

**Welche fünf Personen möchtest du mitnehmen?**
**Notiere deine Entscheidung und begründe sie anschließend.**

| **Entscheidung** | **allein:** | **zu zweit:** | **in der Gruppe:** |
|---|---|---|---|
| 1. Person<br>2. Person<br>3. Person<br>4. Person<br>5. Person | | | |

# Milgram-Experiment 1/2

Lehrerhinweise

| | | | |
|---|---|---|---|
| **Spielart:** | Rollenspiel | **Dauer:** | circa 30 Minuten |
| **Thema:** | Entscheidung und Gewissen | **Sozialform:** | alle zusammen |
| **Ziel:** | Gehorsam, Autorität und Gewissenskonflikt nachempfinden | **Material:** | Rollenkarten (Vorlage S. 55), Tüte Bonbons |
| **Klassenstufe:** | 8–13 | | |

## Beschreibung

Dieses Rollenspiel ist an das Milgram-Experiment[7] des Psychologen Stanley Milgram angelehnt, das im Jahre 1962 durchgeführt wurde. Ziel des Experiments ist, die Bereitwilligkeit der Teilnehmenden (Versuchspersonen) zu überprüfen, Anweisungen zu Folgen, die ihrem eigenen Gewissen entgegenstehen. Dieses wurde sehr kritisiert. Bitte entscheiden Sie mit Bedacht, ob dieses Experiment für Ihre Klasse geeignet ist, da im eigentlichen Experiment Macht und grausame Bestrafung im Vordergrund stehen.
Kopieren Sie im Vorfeld einmal die Rollenkarten und schneiden Sie die Karten aus. Für dieses Experiment suchen Sie fünf Schüler*innen aus. Drei von ihnen erhalten die „Versuchsperson-Rollenkarte", gehen vor die Tür und lesen sich in ihre Rolle ein. Eine weitere Person spielt die lernende Person und die fünfte Person spielt die Versuchsleitung in dem Rollenspiel – diese arbeiten zusammen. Sie erhalten ebenfalls ihre Rollenkarten und lesen sich in der Zeit vor der Klasse in ihre Rollen ein und spielen danach. Die lernende Person beantwortet die Matheaufgaben bewusst falsch, um zu beobachten, ob die Versuchsperson die Anweisungen der leitenden Person ohne Schuldgefühle befolgt. Spielen Sie mit der Klasse mehrere Durchgänge (daher gibt es drei Versuchspersonen).

**Versuchsverlauf**

Die Versuchsleitung stellt der lernenden Person Aufgaben. Wenn diese falsch beantwortet werden, muss die Versuchsperson der lernenden Person Bonbons wegnehmen. Die Abnahme der Bonbons nimmt immer mehr zu. Im eigentlichen Experiment bekommt sie bei einer falschen Antwort fiktive Stromschläge. Hier ist der Schmerz bewusst durch Wegnahme der Bonbons dargestellt. Die Reaktion der „lernenden Person" bei der Wegnahme der Bonbons ist vorher „eingeübt" und in der Rollenkarte niedergeschrieben. Die Versuchsperson erhält von der Versuchsleitung Anweisungen, weiterzumachen, wenn sie das Experiment abbrechen möchte.

## Hinweis

Für dieses Experiment sollten keine ausgegrenzten oder schüchternen Schüler*innen ausgewählt werden. Die übrigen Schüler*innen haben eine Beobachtungsaufgabe.

[7] Vgl. Milgram, Stanley (1982): Das Milgram-Experiment. Zur Gehorsamsbereitschaft gegenüber Autorität. Reinbek: Rowohlt.

# Milgram-Experiment 2/2

Lehrerhinweise

## Variante

Anstelle der Bonbons können Bilder von wertvollen Gegenständen symbolisch für Hab und Gut der lernenden Person eingesetzt werden. Alternativ wäre ein Planspiel mit ehemaligen Versuchspersonen, Professor*in der Psychologie und Pro- und Kontra-Sprecher*innen denkbar: Die Ethikkommission diskutiert über den wiederholten Einsatz des Milgram-Experiments an den Universitäten.

## Reflexion

- Wie hast du dich als Versuchsperson gefühlt?
- Was meinst du: Wie entsteht die Bereitschaft, Anweisungen zu folgen, die im Widerspruch zum Gewissen stehen?

# Milgram-Experiment

Kopiervorlage: Rollenkarten

## Lernende Person

Du spielst in diesem Experiment die lernende Person, die auf gestellte Fragen bewusst falsch antwortet. Immer wenn du falsch antwortest, nimmt dir die Lehrkraft in diesem Experiment als Strafe Bonbons weg. Die Bonbons sind in dem originalen Experiment fiktive Stromschläge. Je mehr falsche Antworten du gibst, je mehr Bonbons werden dir weggenommen.
Folgende Antworten gibst du auf die Fragen:

1. = 12 2. = 22 3. = 45 4. = 102 5. = 645

Nach jeder falschen Antwort werden dir von der Lehrkraft in steigendem Maße Bonbons weggenommen. Diese wichtigen Bonbons sind dein Hab und Gut im Leben. Sie sind für dich existenziell wichtig.

Also reagierst du immer stark und traurig auf die Abnahme der Bonbons. Ein paar Vorschläge:
1. Angespanntes Grunzen, 2. Schmerzschrei, 3. Bitte an die Person, es sein zu lassen,
4. flehende Rufe und Traurigsein, 5. Lautes Schreien und Leiden

## Versuchsperson (Lehrkraft)

Du bist eine wichtige Person in diesem Experiment. Du bist nämlich die Lehrkraft, die die lernende Person bestraft, wenn sie falsche Antworten gibt. Die Versuchsleitung sagt dir, ob ihre Antworten korrekt sind. Wenn die Antwort falsch ist, darfst du ihr ihre wichtigen Bonbons wegnehmen. Ohne Bonbons ist die Person nicht mehr überlebensfähig.
Als Lehrkraft entziehst du in zunehmendem Maße Bonbons:
Bei der 1. falschen Antwort nimmst du der Person 1 Bonbon weg. Wenn sie die 2. Frage auch falsch beantwortet, dann nimmst du 2 Bonbons weg, bei der 3. falschen Antwort dann 3 Bonbons usw. Du kannst auch das Experiment abbrechen, wenn es dir zu viel wird.

## Versuchsleitende Person

Du bist die Versuchsleitung und stellst folgende 5 Fragen an die lernende Person.
Dabei erhältst du immer eine falsche Antwort.

**1.** $5 \times 5 + 3 \times 6$
**2.** $15 - 8 + 9 : 2$
**3.** $20 - 5 + 3 \times 3 \times 2$
**4.** $3 + 3 + 3 - 2 \times 2 + 6$
**5.** $77 - 7 + 90 - 6 \times 4$

Du musst die Lehrkraft dazu auffordern, weiterzumachen, die Bonbons wegzunehmen, wenn die lernende Person falsch antwortet. Wenn die Versuchsperson das Experiment abbrechen möchte, reagierst du immer mit denselben 4 Sätzen:

**1.** Bitte, fahren Sie fort!
**2.** Das Experiment erfordert, dass Sie weitermachen!
**3.** Sie müssen unbedingt weitermachen!
**4.** Sie haben keine Wahl, Sie müssen weitermachen!

Wenn die Versuchsperson darauf besteht, abzubrechen, wird das Experiment sofort abgebrochen.

# Moralische Dilemmata[8]

Lehrerhinweise

**Spielart:** Entscheidungsspiel

**Thema:** Dilemmata – Meinungen äußern und begründen

**Ziel:** Entscheidungen begründet treffen

**Klassenstufe:** 8–13

**Dauer:** circa 20 Minuten

**Sozialform:** Gruppenarbeit

**Material:** je 4er- bis 6er-Gruppe einmal die Fragenkarten (Vorlage S. 57–61); je Schüler*in eine A- und eine B-Antwortkarte (Vorlage ab S. 57)

## Beschreibung

Kopieren Sie für jede Gruppe im Vorfeld einmal die Fragenkarten samt A- und B-Karten und schneiden Sie die Karten aus. Falls es möglich ist, sollten Sie die Kärtchen auch laminieren, damit sie länger haltbar sind. Vor dem Spiel rücken Sie die Tische so zusammen, dass eine Gruppe gemeinsam an einem Tisch sitzen kann.
In dem Entscheidungsspiel geht es um klassische moralische Dilemmata. Die Beteiligten urteilen unabhängig voneinander und begründen anschließend ihr Urteil.
Das jüngste Spielmitglied zieht eine der Fragenkarten, die verdeckt auf einem Stapel liegen. Es liest das darauf vorgestellte Problem (Dilemma) vor. Die anderen Mitspielenden entscheiden sich für eine Antwort und legen verdeckt die A- oder B-Antwortkarte vor sich hin. Wenn alle Beteiligten ihre Auswahl getroffen haben, drehen sie die Karte um. Die erste Person erläutert ihre Haltung. Reihum äußern sich auch die anderen zu den Beweggründen für ihre Entscheidung. Danach stellt die nächste Person eine neue Dilemma-Situation vor.

## Hinweis

Die Gruppen können sich weitere Dilemmata ausdenken, auf Kärtchen schreiben und sie mit den anderen Gruppen tauschen. Gerne können Sie in höheren Klassen Kohlbergs Theorie der Moralentwicklung heranziehen und thematisieren.

## Variante

Ein Teammitglied liest alle Dilemma-Situationen nacheinander vor und die anderen beantworten die Fragen mit verdeckter A- oder B-Karte. Es können auch eigene Dilemma-Karten erstellt werden, um weitere Spielgelegenheiten zu schaffen.

## Reflexion

- → Was bedeutet „Dilemma“? Kannst du den Begriff erklären?
- → Welche moralischen Konflikte (Zwickmühlen) kannst du aus deinem Alltag nennen?
- → Welche weiteren Dilemmata fallen dir ein?

[8] Die moralischen Dilemmata auf den Kopiervorlagen beziehen sich u. a. auf folgende Quellen: https://www.watson.ch/amp/!507461010; https://www.srf.ch/kultur/gesellschaft-religion/filosofix?srg_shorturl_source=filosofix; https://www.youtube.com/watch?v=l8Bv2mZg4_I

# Moralische Dilemmata

Kopiervorlage 1/5: Fragenkarten und A- und B-Antwortkarten

| A | A | B | B |
|---|---|---|---|
| A | A | B | B |
| A | A | B | B |

## Gefangenen-Dilemma

Du und dein Freund Ben werdet beim Knacken eines Münzautomaten erwischt. Die Staatsanwaltschaft vermutet, dass ihr auch etwas mit einem Bankraub zu tun habt. Eindeutige Beweise gibt es dafür nicht. Ihr kommt als mutmaßliche Räuber in Untersuchungshaft, bevor ihr dem Untersuchungsrichter vorgeführt werdet. Eure Rechtsanwältin klärt euch über die möglichen Konsequenzen auf.
Wenn beide gestehen, den Überfall begangen zu haben, werdet ihr beide drei Jahre ins Gefängnis kommen. Gesteht nur eine Person, greift die Kronzeugenregelung und die Person, darf nach Hause – die andere Person erhält dann fünf Jahre Haft.

| | **Ben leugnet** | **Ben gesteht** |
|---|---|---|
| **Du leugnest** | Beide ein Jahr (-1, -1) | Du fünf Jahre; Ben ist frei (-5, 0) |
| **Du gestehst** | Du bist frei und Ben fünf Jahre (0, -5) | Beide drei Jahre (-3, -3) |

Was tust du?

**A:** Gestehst du den Bankraub?

**B:** Leugnest du den Bankraub?

## Patienten-Dilemma

Du wachst eines Tages auf, liegst auf der Intensivstation und bist mit einem weltberühmten Sänger über Schläuche verbunden. Er leidet an einer tödlichen Krankheit und als einzige Person hast du exakt das für ihn passende Blut. Nur du kannst ihm das Leben retten – ohne deine Blutspende wird er sterben.
Seine Fans haben dich entführt und ins Krankenhaus gebracht, um den Sänger zu retten. Du willst dich befreien, aber wenn du dich von den Schläuchen löst, wird der Musiker sofort sterben und du tötest ihn somit.
Die Therapie dauert neun Monate. Danach ist der Sänger geheilt und du kannst nach Hause gehen.
Was tust du?

**A:** Reißt du die Schläuche heraus? (dein Recht auf Selbstbestimmung)

**B:** Hältst du neun Monate im Bett aus? (Das Lebensrecht des Sängers geht vor.)

# Moralische Dilemmata

Kopiervorlage 2/5: Fragenkarten

## Dilemma der selbstfahrenden Autos

Es gibt immer mehr selbstfahrende Autos. Soll ein selbstfahrendes Auto, wenn sich ein Unfall nicht vermeiden lässt,

**A:** eine Fußgängerin oder einen Fußgänger überfahren?

**B:** ausweichen und gegen eine Wand fahren und damit schwere Verletzungen der Insassen in Kauf nehmen?

## Tür-Dilemma

Du siehst, wie ein Zehntklässler wütend gegen die Toilettentür schlägt und sie kaputt macht. Du weißt nicht, ob er dich wahrgenommen hat. Die Schulleitung bittet in der Pause über eine Lautsprecherdurchsage um Hilfe. Sie erhofft sich Zeugenaussagen.
Was tust du?

**A:** den Zehntklässler verpetzen und damit rechnen, dass es Konsequenzen für dich haben wird, weil er sich bestimmt rächen wird

**B:** die Beobachtung für dich behalten und der Direktorin nicht die Wahrheit erzählen

## Paul-Dilemma

Paul hat eine todkranke Frau. Es gibt ein Medikament, das ihr helfen könnte. Allerdings kann das Medikament nur ein Apotheker aus der Stadt verabreichen – er hat es erfunden.
Der Apotheker verlangt 100.000 Euro für eine Dosis des Medikaments. Paul hat aber nicht so viel Geld. Er überlegt, in die Apotheke einzubrechen.
Was soll er tun?

**A:** Er soll in die Apotheke einbrechen und somit das Leben seiner Frau retten.

**B:** Er soll nicht stehlen, was den Tod seiner Frau bedeutet.

## Chirurgen-Dilemma

Ein gesunder Tourist erhält eine Schönheitsoperation bei einem Chirurgen, der fünf weitere schwerkranke Patienten behandelt. Jeder von ihnen braucht ein anderes Organ, welches nicht verfügbar ist. Die Organe des Touristen passen zufällig zu den fünf todkranken Patienten. Sie werden sterben, wenn sie kein Spenderorgan erhalten.

**A:** Der Chirurg soll den Touristen als unfreiwilligen Organspender benutzen und die fünf Patienten retten.

**B:** Der Chirurg soll den Touristen nicht opfern, um die fünf Patienten zu retten.

# Moralische Dilemmata

Kopiervorlage 3/5: Fragenkarten

## Marias Entscheidung

Maria ist mit ihrer Tochter und ihrem Sohn in eine Geiselnahme geraten. Ein Geiselnehmer sagt ihr, sie dürfe ein Kind bei sich behalten, müsse aber selbst entscheiden, welches von beiden sie abgebe. Sie würde sonst beide verlieren, wenn sie keine Entscheidung trifft.

**A:** Sie soll das Mädchen abgeben.

**B:** Sie soll den Jungen abgeben.

## Verhör-Dilemma

Ein Terrorist hat mit anderen Terroristen einen Anschlag und eine Entführung geplant. Die Polizei hat ihn verhaftet und drängt, zu erfahren, wo er die Bomben platziert hat und wer die anderen Terroristen sind. Sollen die Spezialisten ihn quälen, um rechtzeitig mehr Informationen zu erhalten und das Leben vieler unschuldiger Zivilistinnen und Zivilisten zu retten?

**A:** Die Polizei soll ihn foltern, um die Informationen zu erhalten. Wenn nötig, sollen sie das auch bei seiner unschuldigen Familie tun.

**B:** Die Polizei soll ihn nicht foltern, um an mehr Informationen zu gelangen.

## Unfallverursacher-Dilemma

Du fährst mit dem Auto zu einem Freund. Während der Fahrt bist du abgelenkt und schreibst eine Nachricht. Plötzlich taucht ein Kind auf, du bremst, aber fährst es dennoch um. Hinter dir knallt ein Auto in deinen Wagen und es kommt zu einer Karambolage. Du steigst aus, siehst, dass das Kind schwer verletzt ist. Eine weinende Frau steigt aus dem hinteren Wagen, kommt auf dich zu, weil sie glaubt, sie habe den Fußgänger überfahren.
Du weißt, der Person, die den Unfall verursacht hat, droht eine heftige Strafe.
Was tust du?

**A:** Ich lasse die Frau im Glauben, dass sie schuld ist.

**B:** Ich gebe meine Schuld zu.

## Räuber-Dilemma

Du bekommst einen Banküberfall mit.
Im Anschluss verfolgst du den Räuber und weißt dadurch, wo er wohnt und dass er sein Diebesgut nicht für sich selbst behält. Er hat das Geld zu einem Waisenhaus gebracht.
Du erfährst ebenfalls, dass dieses Heim wenig Geld zur Verfügung hat und die Kinder oft hungern mussten. Dank des Raubs können alle Kinder endlich wieder ausreichend Essen bekommen. Wenn du der Polizei deine Beobachtungen berichtest, weißt du, dass das Heim das Geld zurückgeben muss.

**A:** Ich behalte mein Wissen für mich.

**B:** Ich verrate den Bankräuber an die Polizei.

# Moralische Dilemmata

Kopiervorlage 4/5: Fragenkarten

## Gleisarbeiter-Dilemma

Ein außer Kontrolle geratener Zug fährt auf fünf Gleisarbeiter zu, die nur gerettet werden können, wenn der Zug auf ein anderes Gleis ausweicht. Du kannst eine Weiche betätigen und den Zug auf ein anderes Gleis umleiten, auf dem sich aber ebenfalls ein Arbeiter befindet.

**A:** Du betätigst die Weiche nicht und der Zug fährt auf die fünf Arbeiter zu.

**B:** Du stellst die Weiche um und der Zug fährt auf den einzelnen Arbeiter zu.

## Dicker-Mann-Dilemma

Eine außer Kontrolle geratene Lore rast auf ein Kind zu, das nur gerettet werden kann, wenn die Lore gestoppt wird. Du stehst auf einer Brücke und könntest dort einen dicken Mann herunterstoßen, damit sein Körper die Lore zum Halten bringt. Dies verursacht aber seinen Tod.

**A:** Du rettest das Kind und schubst den dicken Mann von der Brücke auf das Gleis.

**B:** Du schubst den dicken Mann nicht von der Brücke und das Kind wird überfahren.

## Rettungsboot-Dilemma

Du bist in einem Schiff, das gerade kentert. Mit dir hat noch eine Person das Unglück überlebt. Im Wasser treibt ein Holzbrett, das nur eine Person tragen kann. Ihr würdet ertrinken, wenn ihr beide auf das Brett steigt. Was tust du?

**A:** Du kletterst auf das Brett, um dich selbst zu retten und zu überleben.

**B:** Du lässt der anderen Person den Vortritt und ertrinkst.

## Buridans Esel

Ein Esel steht zwischen zwei gleich großen und gleich weit entfernten Heuhaufen. Was soll er tun, um seinen Hunger zu stillen?

**A:** Nach rechts zum Heuhaufen gehen.

**B:** Nach links zum Heuhaufen gehen.

# Moralische Dilemmata

Kopiervorlage 5/5: Fragenkarten

## Notlügen-Dilemma

Leon und Mike sind beste Freunde und gehen in dieselbe Klasse. Heute gibt es Zeugnisse. Das Zeugnis von Mike ist sehr schlecht und er wird nach den Ferien die Klasse wiederholen müssen. Mike hat Angst vor der Reaktion seiner Eltern und möchte ihnen nichts davon erzählen. Stattdessen plant er, sich für ein paar Tage in einem Baumhaus im Wald zu verstecken. Er ist dort gut versorgt. Leon weiß von seinem Plan und verspricht ihm, nichts davon weiterzuerzählen. Am Abend sind die Eltern von Mike sehr besorgt, weil er nicht nach Hause kommt. Sie fragen bei Leons Mutter nach. Was empfiehlst du Leon?

**A:** Leon kann seiner Mutter verraten, wo Mike ist, und damit das Versprechen brechen.

**B:** Leon kann seine Mutter anlügen, um sein Versprechen nicht zu brechen.

## Seitensprung-Dilemma

Jana und Tim sind verheiratet und haben drei gemeinsame Kinder. Kevin ist der beste Freund von Tim. Er findet heraus, dass Tim seit einiger Zeit eine Affäre hat und seine Frau betrügt. Kevin stellt Tim zur Rede. Tim bittet ihn, das Geheimnis für sich zu behalten. Er möchte seiner Frau die Affäre nicht gestehen.
Was soll Kevin tun?

**A:** Kevin soll Jana darüber informieren, dass Tim sie betrügt. Somit würde die Freundschaft kaputt gehen.

**B:** Kevin soll das Geheimnis für sich behalten, wodurch Tim Jana weiterhin betrügen wird.

# Zwischen zwei Stühlen

Lehrerhinweise

**Spielart:** Gedankenspiel/Rollenspiel
**Thema:** den*die andere*n verstehen
**Ziel:** sich in andere Menschen hineinversetzen und empathisch agieren
**Klassenstufe:** 5–7
**Dauer:** circa 15 Minuten
**Sozialform:** Gruppenarbeit
**Material:** –

## Beschreibung

Dieses Gedankenspiel stammt aus der Psychologie und ist dort eine bewährte Übung, um sich in die Gefühle und Gedanken anderer hineinzuversetzen. Die Klasse bildet dafür 3er-Gruppen. Die Gruppen überlegen sich gemeinsam zunächst eine Konfliktsituation. Dann stellt jede Gruppe zwei oder drei Stühle mit Abstand nebeneinander auf – die Anzahl ist abhängig von der Anzahl der Personen, die im Konflikt eine Rolle spielen. Die Stühle symbolisieren die Haltung der verschiedenen Figuren.
Ein Gruppenmitglied erzählt die Konfliktsituation. Ein anderes Gruppenmitglied setzt sich auf einen Stuhl und beschreibt die Gefühle und Gedanken der ersten im Konflikt vorkommenden Person. Anschließend setzt sich das Gruppenmitglied auf den anderen Stuhl und versetzt sich in die Perspektive der zweiten Figur aus der Konfliktbeschreibung. Auch hier wird die Perspektive geschildert. Das dritte Gruppenmitglied hat bei der Übung eine Beobachtungsaufgabe und gibt am Ende Rückmeldung, was ihm aufgefallen ist. Die Beteiligten sind nacheinander dran, sich in die Gefühle und Gedanken der Figuren hineinzuversetzen.
Abschließend diskutiert die Gruppe über mögliche Lösungen für den Konflikt.

## Hinweis

So könnte eine erdachte Konfliktsituation beginnen: Lisa möchte mit Maria ins Kino. Der Film beginnt um 18 Uhr. Lisas Mutter würde die Kinder hinfahren und auch wieder abholen. Allerdings ist Marias Mutter dagegen, denn es ist Winter. Draußen wird es schnell dunkel und die Kinder sind noch minderjährig. Zwischen Lisa und ihrer Mutter entbrennt eine Diskussion. Welche Lösungen gibt es?

## Variante

Die Klasse kann sich gemeinsam Konfliktsituationen überlegen und die Gruppen entscheiden sich jeweils für ein bis drei Fälle, die sie durchspielen.

## Reflexion

- → Welche goldene Regel kannst du für das Finden von Lösungen formulieren?
- → Kennst du andere Prinzipien, nach denen Menschen im Alltag handeln sollen? (Hier können moralische, sittliche und religiöse Prinzipien zur Sprache kommen.)

# Gerüchteküche 1/2

Lehrerhinweise

| | | | |
|---|---|---|---|
| **Spielart:** | Kommunikationsspiel | **Klassenstufe:** | 5–10 |
| **Thema:** | Wie glaubhaft sind die Worte der anderen? | **Dauer:** | circa 30 Minuten |
| **Ziel:** | genau hinhören, Informationen weitergeben und Missverständnisse wahrnehmen | **Sozialform:** | alle zusammen |
| | | **Material:** | – |

## Beschreibung

Fünf bis sieben freiwillige Personen gehen vor die Tür. Die Schüler*innen überlegen sich fünf Begriffe, mit denen eine Geschichte gestaltet werden soll, z. B.: „Mann", „Auto", „Autobahn", „Werkstatt" und „Telefon". Notieren Sie die Begriffe an der Tafel.
Stellen Sie zwei Stühle mit den Rückenlehnen zueinander vor die Tafel. Eine erste Person soll auf einem von ihnen mit dem Blick zur Tafel sitzen können. Eine weitere Person soll auf dem zweiten Stuhl die Klasse sehen und nicht die Tafel.
Rufen Sie die älteste Person wieder in die Klasse. Diese nimmt auf dem Stuhl Platz, der zur Tafel hin ausgerichtet ist, liest die Begriffe an der Tafel, verinnerlicht sie und denkt sich eine Geschichte aus, in der die Begriffe vorkommen. Eine weitere Person darf vom Flur in die Klasse kommen und sich auf den zweiten Stuhl setzen.
Die erste Person erzählt der zweiten die Geschichte und steht dann vom Stuhl auf. Danach wird die Tafel zugeklappt, sodass die künftig hinzukommenden Schüler*innen die Begriffe nicht mehr lesen können. Ein*e weitere*r Schüler*in darf hineinkommen und auf dem freien Stuhl Platz nehmen. Die Person auf dem anderen Stuhl berichtet die Geschichte und macht dann ihren Platz frei. So geht es weiter, bis alle Schüler*innen wieder im Raum sind.
Ziel der Gruppe ist es, die Geschichte möglichst fehlerfrei und ohne Auslassung bis zum*zur letzten Spieler*in weiterzuerzählen. Genaues Hinhören und Konzentration sind wichtig, denn es dürfen keine Rückfragen gestellt werden. Die letzte Person berichtet die Geschichte nun der gesamten Klasse, denn sie hat ja kein Gegenüber mehr auf dem Stuhl. Somit hört die Klasse die Geschichte bis zu 7-mal und beobachtet, ob sich diese über die Personen hinweg verändert hat. Und sie achtet auch darauf, ob sich die fünf Begriffe an der Tafel am Ende wiederfinden. Eine Person kann, während die Abschlussgeschichte erzählt wird, an der Tafel die Begriffe abhaken, die in der Geschichte vorkommen.

## Hinweis

Wie beim Spiel „Stille Post" auf Seite 106 wird sich der Inhalt der Geschichte verändern.
Das Vier-Ohren-Modell von Schulz von Thun kann thematisiert werden. Die Zuhörer*innen haben eine Beobachtungsaufgabe. Sie lösen auf, wo die Missverständnisse entstanden sind.

# Gerüchteküche 2/2

Lehrerhinweise

## Variante

Sie können auch Bilder statt Begriffe an der Tafel vorgeben. Damit die Beteiligung höher ist, können die Schüler*innen in kleinen 5er-Gruppen zusammenspielen. Dafür bekommt die erste Person sieben Begriffe mitgeteilt.

## Reflexion

- → Was hast du beobachtet? Was passiert, wenn eine Geschichte durch viele Münder und Ohren wandert?
- → Zähle Missverständnisse und Änderungen auf, die entstanden sind.
- → Was kannst du als typische Fehlerquellen ausmachen?
- → Welche der fünf Begriffe, die für die Geschichte vorgegeben wurden, hast du am Ende noch wiederfinden können?

# Gewalt oder keine Gewalt?

Lehrerhinweise

**Spielart:** Einschätzspiel

**Thema:** Gewalt in unterschiedlichen Lebensverhältnissen

**Ziel:** Einordnen von Fällen in die Kategorien „Gewalt“ und „keine Gewalt“

**Klassenstufe:** 5–10

**Dauer:** circa 30 Minuten

**Sozialform:** Gruppenarbeit

**Material:** Klebeband, 2 DIN-A4-Blätter, Stift, je 5er-Gruppe einmal die Fallkarten (Vorlage S. 66) auf buntes Papier kopiert sowie eine grüne und eine rote Karteikarte

## Beschreibung

Kopieren Sie pro 5er-Gruppe Schüler*innen ein Set Fallkarten auf Papier in jeweils eigener Farbe. Schneiden Sie die Karten aus und laminieren Sie diese, wenn möglich, damit sie länger haltbar sind. Eine Person in der Gruppe übernimmt die Moderation und erhält die Fallkarten. Die anderen Gruppenmitglieder bekommen zusammen eine grüne und eine rote Karteikarte. Bereiten Sie außerdem einen „Gewaltstrahl“ vor. Für diesen ziehen Sie das Klebeband einmal quer durch das Klassenzimmer. An den Anfang des Bandes legen Sie ein Blatt Papier und schreiben darauf „Gewalt“, an das Ende des Strahls kommt das andere Blatt, auf das Sie „keine Gewalt“ schreiben. Dazwischen finden sich dann die Abstufungen.
In den Gruppen liest die Moderation dann den ersten fiktiven Fall zum Thema Gewalt laut vor, die anderen Gruppenmitglieder ordnen den Fall in der kleinen Gruppe mit der grünen Karte entweder in die Kategorie „keine Gewalt“ oder mit der roten Karte in die Kategorie „Gewalt“ ein. Die Gruppe soll sich über diese Fälle austauschen und kollektiv eine Entscheidung treffen. Der ausdiskutierten Entscheidung entsprechend, wird die Fallkarte auf den Gewaltstrahl gelegt. Durch die Gruppenfarbe der Karte ist erkennbar, wie die einzelnen Gruppen sich entschieden haben. Bei Meinungsverschiedenheiten ist ein Austausch erforderlich und eine neue Kartenlegung möglich.

## Hinweis

Es können auch Gewaltbereiche wie Sachbeschädigung, Beleidigung, Körperverletzung usw. besprochen werden. Zudem können die Schüler*innen Fallkarten verfassen.

## Reflexion

- → Kann Gewalt deiner Meinung nach gerechtfertigt sein?
- → Welche Formen von Gewalt gibt es? (Hier kann zum Thema werden: physisch – psychisch; nach außen gerichtet – nach innen gerichtet; beabsichtigt – unbeabsichtigt; von Personen ausgehend – von Struktur ausgehend; gegen Menschen, Tiere und Dinge)
- → Welche Gewalterfahrungen kennst du aus dem Alltag? Welche Formen der Gegengewalt sind dir bekannt?

# Gewalt oder keine Gewalt?

Kopiervorlage: Fallkarten

| | |
|---|---|
| Ein Fahrradfahrer fährt 30 km/h in der Fußgängerzone. | Eine Mutter gibt ihrem Kind einen Klaps wegen schlechten Benehmens. |
| Eine Lehrerin ruft eine Schülerin nach vorn an die Tafel mit dem Spruch: „Mal sehen, ob du heute die Aufgaben lösen kannst!" | Eine Zahnärztin zieht dir einen kaputten Zahn. |
| Eine Schülerin bezeichnet ihre Mitschülerinnen als dumm. | Ein Basketballer brüllt die gegnerische Mannschaft an. |
| Ein Schüler sagt zu seinen Mitschülern: „Die blöde Mathelehrerin machen wir in der nächsten Stunde fertig!" | Wegen schlechter Noten erteilen die Eltern ihrem Kind Handyverbot und geben ihm Hausarrest. |
| In einem James-Bond-Film kommen Maschinengewehre und Morde vor. | Ein Profiboxer kämpft im Ring, sein Gegner erleidet dabei eine Niederlage. |
| Max schummelt bei der Klassenarbeit. | Eine Minderjährige raucht. |
| Ein Mädchen macht einem Jungen einen Knutschfleck. | Ein Kind wird gezwungen, Erbrochenes zu essen. |
| Eine Frau kaut regelmäßig an ihren Fingernägeln. | Ein junger Autofahrer ist mit 215 km/h auf der Autobahn unterwegs. |
| Die Hochzeitsfotografin bekommt bei der Feier nichts zu essen und löscht deswegen alle Bilder. | Ein Schüler lässt die anderen nicht abschreiben. |
| Ein Vater schreit seine Kinder an. | Ein Schüler wird wegen seines Aussehens gemobbt. |
| Eine junge Frau wird von ihrem Exmann gestalkt. | Eine Mitarbeiterin wird auf der Arbeit ausgegrenzt. |
| Krieg! | Jemand verbreitet Lügen über eine Mitschülerin. |
| Terror! | Jemand geht fremd. |
| Ein Kind wird gezwungen, zu essen. | Jemand wird zu kriminellen Handlungen angeleitet. |
| Ein Mensch wird mit Tieren konfrontiert, vor denen er Angst hat. | Jemand wird zum Sündenbock gemacht. |
| Ein Kind wird bloßgestellt. | Jemand klaut aus Not. |
| Ein Baby wird so feste geküsst, dass es weint. | Auf eine Nachricht wird bewusst nicht geantwortet. |
| Jemand lügt den besten Freund wegen einer Überraschung an. | Das eigene Kind wird mit 18 Jahren aus der Wohnung geworfen. |
| Jemand erleidet eine Verletzung im Spiel. | Ein Versprechen wird nicht gehalten. |

# Gefangenendilemma

Lehrerhinweise

**Spielart:** Entscheidungsspiel
**Thema:** Strategien nachvollziehen und bewusst einsetzen
**Ziel:** Entscheidung für sich und andere bewusst treffen

**Klassenstufe:** 8–13
**Dauer:** circa 30 Minuten
**Sozialform:** Gruppenarbeit
**Material:** –

## Beschreibung

Die Klasse simuliert in 3er-Gruppen eine klassische Spieltheorie der Philosophie. Person A und B sind Gefangene, weil sie beschuldigt werden, gemeinsam ein Verbrechen begangen zu haben. Die dritte Person spielt die Staatsanwaltschaft und die beiden Gefangenen können nicht miteinander kommunizieren. Die Gefangenen werden an verschiedenen Orten einzeln verhört, daher wissen sie nicht, wie sich die andere Person verhält. Sie befinden sich im Gefangenendilemma. Die Personen A und B wählen unabhängig voneinander eine von zwei Handlungsalternativen. Beim Verhör gilt:
Gefangene, die gestehen und damit ihre Mitgefangenen überführen, gehen mit geringer Strafe aus. Gesteht jedoch nur eine der beiden gefangenen Personen, geht diese als Kronzeuge straffrei aus, die*der andere Gefangene erhält die Höchststrafe und wird zehn Jahre inhaftiert. Leugnen beide Gefangenen das Verbrechen, erhalten beide eine niedrige Strafe. Beide müssen jeweils für ein Jahr ins Gefängnis. Gestehen beide, erhalten beide für ihre Tat eine hohe Strafe, aber nicht die Höchststrafe. Sie bekommen eine Haftstrafe von nur fünf Jahren.

## Hinweis

Es ist eine strikt dominante Strategie. Ein Nash-Gleichgewicht liegt vor.

| Du/andere Person | **schweigen** | **gestehen** |
|---|---|---|
| **schweigen** | -1, -1 (Beide 1 Jahr) | -10, 0 (Du 10 Jahre und die andere Person frei) |
| **gestehen** | 0, -10 (Du frei und die andere Person 10 Jahre) | -5, -5 (Beide 5 Jahre) |

Beide könnten sich besserstellen, wenn sie schweigen würden. Kollektive und rationale vs. individuelle Rationalität bringen unterschiedliche Ergebnisse.

## Reflexion

→ Welche Strategie hast du gewählt und wieso?
→ Wie ist euer Gefangenendilemma ausgegangen?

# Wertebootsfahrt

Lehrerhinweise

**Spielart:** Gedankenspiel

**Thema:** Wertevorstellung

**Ziel:** Werteliste erstellen und argumentieren

**Klassenstufe:** 5–8

**Dauer:** circa 15 Minuten

**Sozialform:** Gruppenarbeit

**Material:** je Schüler*in eine Werteliste (Vorlage S. 69), ein Stift, ggf. eine Wertetabelle aus dem Werte-Bingo (Vorlage S. 15)

## Beschreibung

Kopieren Sie im Vorfeld die Werteliste für jede*n Schüler*in einmal.
Die Klasse bildet für dieses Spiel kleine Gruppen mit vier bis sechs Personen. Jede Person erstellt für sich eine persönliche Werteliste mit ihren zehn wichtigsten Werten nach Priorität geordnet. Diese Werteliste ist das symbolische Gepäck bei der gemeinsamen Bootsfahrt.
Die Schüler*innen stellen sich vor, ihre Gruppe sitzt in einem Boot, das wegen zu schwerer Last seinen Gewichtsschwerpunkt verliert und zu kentern droht. Daher müssen sie Ballast in Form des Wertegepäcks abwerfen. Das Boot wird untergehen und versinken, wenn die Kleingruppe sich in 5 bis 10 Minuten nicht gemeinsam auf zehn Werte geeinigt hat. Ganz nach dem demokratischen Verständnis muss die Mehrheit in der Gruppe mit der Auswahl der Werte einverstanden sein, sonst droht das Kentern.
Am Ende soll jede Gruppe eine neue Werteliste mit ihrer Auswahl und mit Begründungen notiert haben. Abschließend kann jede Gruppe ihre Werteliste vorstellen und verteidigen. An der Tafel kann eine Werteliste für die ganze Klasse erstellt werden.

## Hinweis

Die Grundrechte und das Grundgesetzbuch können herangezogen werden. Außerdem soll den Schüler*innen verdeutlicht werden, dass Werte von Kultur zu Kultur, Generation zu Generation und innerhalb sozialer Gruppen und Staatsformen variieren.

## Variante

Die Schüler*innen notieren ihre Werte in die Werteliste und mithilfe der Methode Partnerbriefing sollen sie sich gemeinsam auf fünf Werte einigen, bevor sie in die Gruppenarbeit übergehen.

## Reflexion

- → Wonach hast du deine Werte geordnet?
- → Was fiel dir schwer beziehungsweise leicht bei dem Spiel?
- → Welche weiteren Sach- und Gemeinschaftswerte, politische und subjektive Werte kennst du?

# Wertebootsfahrt

Kopiervorlage: Werteliste

**Welche zehn Werte möchtest du/möchtet ihr mitnehmen?**
**Notiere die Entscheidungen und die Begründungen in der Gruppe.**

| Entscheidung | allein: | in der Gruppe: |
|---|---|---|
| Wert 1 | | |
| Wert 2 | | |
| Wert 3 | | |
| Wert 4 | | |
| Wert 5 | | |
| Wert 6 | | |
| Wert 7 | | |
| Wert 8 | | |
| Wert 9 | | |
| Wert 10 | | |

# Armut, was dann? – Fäden ziehen

Lehrerhinweise

**Spielart:** Lernspiel/Rollenspiel
**Thema:** Auswirkung von Armut in der Gesellschaft
**Ziel:** in die Rolle eines armen Menschen schlüpfen

**Klassenstufe:** 5–8
**Dauer:** circa 15 Minuten
**Sozialform:** Gruppenarbeit
**Material:** je Schüler*in ein 1,5 m langer, farbiger Faden

## Beschreibung

Dieses Spiel[9] findet in einem Sitzkreis mit zwölf bis vierzehn Personen statt.
Ein*e Freiwillige*r stellt sich in die Mitte des Kreises – sie*er übernimmt die Rolle eines jungen Menschen in Ausbildung, der aber im Laufe des Spiels seinen Ausbildungsplatz verliert und dadurch von Armut betroffen ist. Eine weitere Person hält sich bereit, um später symbolisch Verbindungen zu lösen, die durch die Arbeitslosigkeit verloren gehen. Die restlichen Schüler*innen haben eine Beobachtungsaufgabe.
Die Person in der Kreismitte hat so viele Fäden in der Hand, wie sich Personen im Kreis befinden. Sie gibt ein Fadenende jeweils einzeln an die Personen im Kreis. Jeder Faden, der zu einer Person gespannt wird, steht für einen sozialen Kontakt, wie etwa zu Freund*innen, Kolleg*innen, Mitschüler*innen, Nachbar*innen usw. Man kann die Fäden auch für eine Tätigkeit stehen lassen, z. B. dafür, ins Restaurant, ins Kino, zum Einkaufen oder zur Arbeit gehen, Vereinsmitglied zu sein, zu reisen usw.
Die im Kreis sitzenden Schüler*innen rufen laut, für welchen sozialen Kontakt oder Tätigkeit sie stehen, wenn sie einen Faden erhalten. Wenn alle Fäden von der Mitte nach außen gespannt sind, geht ein*e Schüler*in herum und löst die Fäden, die für etwas stehen, das durch die Arbeitslosigkeit nicht mehr vorhanden ist. Die Entscheidung für den Faden und die Folge des Verlusts sollen nach jeder Trennung reflektiert werden. Die Personen im Kreis können symbolisch von der Mitte auch ein Stück wegrücken.

## Hinweis

Die Gruppe kann zu den sozialen Kontakten oder Tätigkeiten vorab ein Brainstorming durchführen und die Ergebnisse an der Tafel festhalten. Das Spiel kann mit wechselnden Rollen wiederholt oder auch in kleinen Gruppen durchgeführt werden.

## Reflexion

→ Wie könnte die Person in der Kreismitte neue soziale Kontakte knüpfen?
→ Bricht der Kontakt zu Freund*innen und Bekannten ab, wenn man von Armut betroffen ist? Kennt ihr solche Fälle aus dem Alltag?
→ Wie stehst du zu dem Sprichwort „Geld regiert die Welt"? Diskutiert in der Klasse.

[9] Eine Methode aus dem Schulbuch: Praktische Philosophie 2, Cornelsen Verlag, 2008, S. 109.

# World-Café

Lehrerhinweise

**Spielart:** Diskussionsspiel
**Thema:** Globalisierung – Fluch oder Segen?
**Ziel:** Diskussion über die Vor- und Nachteile der Globalisierung
**Klassenstufe:** 8–13

**Dauer:** circa 45–60 Minuten
**Sozialform:** Gruppenspiel
**Material:** 4 DIN-A1-Blätter, die Themenblätter (Vorlage ab S. 72), Zeitgeber (Gong o. Ä.), je Schüler*in ein Stift

## Beschreibung

Das World-Café kann gut als Einstieg oder zur Vertiefung einer Unterrichtsreihe zum Thema Globalisierung dienen. Kopieren Sie im Vorfeld die Themenblätter mit den Pro- und Kontraargumenten einmal. Bereiten Sie für dieses Diskussionsspiel vier Gruppentische vor – schieben Sie für einen Gruppentisch zwei bis drei Tische zusammen. Auf jeden der Gruppentische legen Sie ein DIN-A1-Blatt als Tischplakat bereit und ein Themenblatt. Jeder Gruppentisch wird jeweils von einer Person betreut, die übrigen Schüler*innen unterteilen Sie in vier Gruppen.
Jede Schülergruppe startet beim World-Café an einem Gruppentisch. An jedem Tisch begrüßt ein*e Schüler*in in der Rolle der einladenden Person (Gastgeber*in) die Mitschüler*innen – die Person bleibt in allen Runden an dem Gruppentisch sitzen. Diese Person fasst nach der Begrüßung auch die Gedanken der vorherigen Gespräche zusammen (ausgenommen bei Runde 1) und bringt den Diskurs in Gang. Die Gäste diskutieren als Gruppe jeweils zum Tischthema und halten ihre Gedanken auf dem Plakat für die nächsten Gruppen fest.
Nach einem Signal laufen alle Gruppen im Uhrzeigersinn einen Tisch weiter. Sie werden hier von der einladenden Person empfangen, über das Tischthema und die bereits festgehaltenen Punkte informiert. Dann diskutieren sie. So durchlaufen alle Gruppen alle vier Themenbereiche.
Am Ende präsentiert jede Gruppe ihre Abschlussergebnisse zu den einzelnen Tischen im Plenum – dazu kann auch ein Flipchart genutzt werden.
Tischthemen: 1) Was bedeutet ökonomische Globalisierung? 2) Was bedeutet ökologische Globalisierung? 3) Was bedeutet kulturelle Globalisierung? 4) Was bedeutet die technische Globalisierung?

## Hinweis

Die Schüler*innen können ihre Ergebnisse auf einem Flipchart visualisieren. Innerhalb der Gruppen können sie individuelle Rollen, wie Schreiber*in, Präsentator*in, Moderator*in, Fragensteller*in usw., übernehmen.

## Reflexion

- ➔ Wie hast du dich als Gast oder als Gastgeber*in gefühlt?
- ➔ Zu welchen Ergebnissen seid ihr innerhalb der Gruppe gekommen?

# World-Café

Kopiervorlage 1/4: Themenblätter

## Themenblatt Tisch 1: Was bedeutet ökonomische Globalisierung?

Ökonomische Globalisierung bedeutet ...

**Aufgabe:** Diskutiert in der Gruppe über Vor- und Nachteile der ökonomischen Globalisierung.

Die Entwicklungsländer können die ganz großen Gewinner der Globalisierung werden. Denn durch die immer engere Vernetzung der internationalen Wirtschaft bekommen sie die historisch einzigartige Chance, innerhalb kürzester Zeit Versäumtes nachzuholen und den Anschluss an industrialisierte Staaten zu finden.

Viele Menschen in den industrialisierten Ländern fühlen sich insgeheim als die Verlierer der Globalisierung. Zahlreiche von ihnen müssen es hinnehmen, dass ihre Arbeit schlechter bezahlt wird, als dies vor wenigen Jahrzehnten noch der Fall war. Ganz besonders betroffen sind davon Menschen mit geringer Qualifikation, denn sie konkurrieren heute mit Arbeitskräften überall auf dem Globus, die deutlich weniger verdienen und häufig auch noch effizienter arbeiten.

## Themenblatt Tisch 2: Was bedeutet ökologische Globalisierung?

Ökologische Globalisierung bedeutet ...
**Aufgabe:** Diskutiert in der Gruppe über die Vor- und Nachteile der ökologischen Globalisierung.

Die Errichtung von Produktionsstätten multinationaler Konzerne in Entwicklungsländern schafft Arbeitsplätze und damit Einkommen, das wiederum neue Nachfrage erzeugt. So können dann auch von nationalen Firmen neue Produktionskapazitäten geschaffen werden.

Die Umwelt wird massiv geschädigt. Schuld daran sind die langen Transportwege und die Fastfood-Restaurants.

# World-Café

Kopiervorlage 3/4: Themenblätter

## Themenblatt Tisch 3: Was bedeutet kulturelle Globalisierung?

Kulturelle Globalisierung bedeutet ...
**Aufgabe:** Diskutiert in der Gruppe über die Vor- und Nachteile der kulturellen Globalisierung.

Die Globalisierung hat in aller Welt zu einem ähnlichen Lebensstil von Jugendlichen geführt. Das dient auch dem Aufbau von Freundschaften. Außerdem kann man über das Internet Menschen auf der ganzen Welt kennenlernen. Das fördert weltweite interkulturelle Kompetenzen und baut Vorurteile ab.

Auf der ganzen Welt hören die Menschen dieselbe Musik, sehen im Fernsehen die gleiche Sendung. Zum Beispiel ist „Wer wird Millionär?" in über 60 Ländern verbreitet. Essgewohnheiten werden immer ähnlicher. Alte Traditionen geraten in Vergessenheit und die heimische Kultur wird von einer globalen Weltkultur verdrängt.

## Themenblatt Tisch 4: Was bedeutet technische Globalisierung?

Technische Globalisierung bedeutet ...
**Aufgabe:** Diskutiert in der Gruppe über die Vor- und Nachteile der technischen Globalisierung.

Immer mehr Menschen haben die Möglichkeit, in viele Länder zu reisen, dort neue Kontakte zu knüpfen und fremde Kulturen kennenzulernen. Das erweitert den geistigen Horizont und fördert das Verständnis für andere Kulturen. Die weltweite Kommunikation hat zugenommen.

Durch sich weiter entwickelnde Technologien haben Kommunikations- und Produktionsprozesse zugenommen, die technologischem Terrorismus neue Wege bereiten.

# Geheimschrift der Globalisierung

Lehrerhinweise

**Spielart:** Knobelspiel

**Thema:** Globalisierung

**Ziel:** Geheimschrift lösen und Begriffe der Globalisierung wiederholen

**Klassenstufe:** 5–8

**Dauer:** circa 30 Minuten

**Sozialform:** Einzel- und Partnerarbeit

**Material:** Rätselblatt mit der Geheimschrift und den Begriffen zur Globalisierung (Vorlage S. 77)

## Beschreibung

Kopieren Sie zur Vorbereitung für jede*n Schüler*in einmal das Rätselblatt mit der Geheimschrift und den Begriffen zur Globalisierung. Eine Lösung finden Sie im Anschluss auf Seite 78.
Die Schüler*innen finden mithilfe des unten auf dem Rätselblatt angegebenen Schlüssels für die Geheimschrift die passenden Begriffe heraus. Nachdem sie die Aufgabe gelöst haben, dürfen sie zu zweit vor die Tür gehen und die Ergebnisse vergleichen. Zum Schluss sollen die Schüler*innen zu jedem Wort überlegen, was dieses mit Globalisierung zu tun hat, und dies in eine kurze Erklärung fassen. Diese Erklärungen werden dann im Plenum gesammelt und besprochen.

## Hinweis

Diese Übung eignet sich gut zum Einstieg in das Thema Globalisierung, um das Vorwissen der Schüler*innen abzufragen. Ebenfalls bietet sich diese Übung zum Abschluss des Themas an, um das Gelernte zu wiederholen und gegebenenfalls zu vertiefen. Richten Sie den Fokus auch auf die vielen Bereiche der weltweiten Verflechtung (Wirtschaft, Umwelt, Kultur, Politik, Kommunikation und Technik).

## Variante

Die Schüler*innen können eine eigene Geheimschrift entwickeln oder sie erstellen mithilfe des angegebenen Schlüssels zu anderen Unterrichtsthema eigene Aufgaben und Lösungen.

## Reflexion

- → Wie hat dir die Übung gefallen?
- → Gab es Schwierigkeiten beim Durchführen der Übung oder bei den Lösungen?
- → Was haben die Begriffe mit Globalisierung zu tun?

# Geheimschrift der Globalisierung

Kopiervorlage: Rätselblatt mit der Geheimschrift und den Begriffen zur Globalisierung

| | |
|---|---|
| 1. WNXAEP | |
| 2. WNIQP | |
| 3. AEJVAHJAN | |
| 4. AJPSEYGHQJC | |
| 5. BNAEDAEP | |
| 6. NAEYDPQI | |
| 7. CHKXWHEOEANQJC | |
| 8. CANAYDPECGAEP | |
| 9. DQJCAN | |
| 10. LKHEPEG | |
| 11. CNQJZXAZÄNBJEOOA | |
| 12. HAXAJOOPWJZWNZ | |
| 13. BNEAZAJ | |
| 14. OAHXOPRANWJPSKNPQJC | |
| 15. QJPANJADIAJ | |
| 16. SAHP | |
| 17. CHKXWH | |
| 18. GKJBHEGP | |
| 19. QISAHP | |
| 20. ZKNB | |
| 21. YDWJYA | |
| 22. NEOEGK | |
| 23. CAOAHHOYDWBP | |
| 24. DWJZAH | |
| 25. OAHXOPRANLBHEYDPQJC | |

**Schlüssel zur Geheimschrift**

| W | X | Y | Z | A | B | C | D | E | F | G | H | I | J | K | L | M | N | O | P | Q | R | S | T | U | V | Ä |
|---|---|---|---|---|---|---|---|---|---|---|---|---|---|---|---|---|---|---|---|---|---|---|---|---|---|---|
| A | B | C | D | E | F | G | H | I | J | K | L | M | N | O | P | Q | R | S | T | U | V | W | X | Y | Z | Ü |

# Geheimschrift der Globalisierung

Lösung: Rätselblatt mit der Geheimschrift und den Begriffen zur Globalisierung

| | |
|---|---|
| **1.** WNXAEP | ARBEIT |
| **2.** WNIQP | ARMUT |
| **3.** AEJVAHJAN | EINZELNER |
| **4.** AJPSEYGHQJC | ENTWICKLUNG |
| **5.** BNAEDAEP | FREIHEIT |
| **6.** NAEYDPQI | REICHTUM |
| **7.** CHKXWHEOEANQJC | GLOBALISIERUNG |
| **8.** CANAYDPECGAEP | GERECHTIGKEIT |
| **9.** DQJCAN | HUNGER |
| **10.** LKHEPEG | POLITIK |
| **11.** CNQJZXAZÄNBJEOOA | GRUNDBEDÜRFNISSE |
| **12.** HAXAJOOPWJZWNZ | LEBENSSTANDARD |
| **13.** BNEAZAJ | FRIEDEN |
| **14.** OAHXOPRANWJPSKNPQJC | SELBSTVERANTWORTUNG |
| **15.** QJPANJADIAJ | UNTERNEHMEN |
| **16.** SAHP | WELT |
| **17.** CHKXWH | GLOBAL |
| **18.** GKJBHEGP | KONFLIKT |
| **19.** QISAHP | UMWELT |
| **20.** ZKNB | DORF |
| **21.** YDWJYA | CHANCE |
| **22.** NEOEGK | RISIKO |
| **23.** CAOAHHOYDWBP | GESELLSCHAFT |
| **24.** DWJZAH | HANDEL |
| **25.** OAHXOPRANLBHEYDPQJC | SELBSTVERPFLICHTUNG |

**Schlüssel zur Geheimschrift**

| W | X | Y | Z | A | B | C | D | E | F | G | H | I | J | K | L | M | N | O | P | Q | R | S | T | U | V | Ä |
|---|---|---|---|---|---|---|---|---|---|---|---|---|---|---|---|---|---|---|---|---|---|---|---|---|---|---|
| A | B | C | D | E | F | G | H | I | J | K | L | M | N | O | P | Q | R | S | T | U | V | W | X | Y | Z | Ü |

# Bonbontüte – Gleichheit vs. Gerechtigkeit

Lehrerhinweise

**Spielart:** Experiment/Kennenlernspiel

**Thema:** Gleichheit und Gerechtigkeit

**Ziel:** den Unterschied zwischen gleich und gerecht verdeutlichen

**Klassenstufe:** 5–8

**Dauer:** circa 15 Minuten

**Sozialform:** alle zusammen

**Material:** 2 Tüten Kaubonbons (je Schüler*in mindestens ein Bonbon rechnen), eine weitere Tüte mit Kaubonbons für eine Abschlussrunde, für jede*n Schüler*in eine Kopie des Bildes zu Gleichheit vs. Gerechtigkeit (Vorlage S. 80)

## Beschreibung

Besorgen Sie die Kaubonbons im Vorfeld und bereiten Sie das Klassenzimmer so vor, dass die Beteiligten in einem Stuhlkreis sitzen können.
Geben Sie die Bonbontüte einer Person im Kreis. Die erste Person beginnt und darf sich beliebig viele Bonbons aus der Tüte nehmen, aber nicht den kompletten Tüteninhalt.
Sie gibt die Tüte dann im Uhrzeigersinn weiter. Die nächste Person darf sich nach Belieben viele Bonbons aus der Tüte nehmen und die Tüte weitergeben. Die Schüler*innen halten die Bonbons fest und essen sie dann, wenn Sie es ihnen erlauben. Das Spiel ist beendet, wenn nichts mehr in der Tüte ist. Bei größeren Gruppen, können zwei Tüten Bonbons gleichzeitig weitergegeben werden. Um den Unterschied zwischen Gleichheit und Gerechtigkeit zu thematisieren, können Sie auch die Bilder zum Thema Gleichheit vs. Gerechtigkeit nutzen und Kopien davon an Ihre Schüler*innen verteilen.

## Hinweis

Geben Sie am Ende allen Beteiligten mindestens ein Bonbon, damit sie noch einmal den Unterschied von Gleichheit und Gerechtigkeit erleben. Sie können zur Visualisierung von Gerechtigkeit und Gleichheit Bilder in den Medien suchen und sie malen lassen.

## Reflexion

- Wie haben sich die ersten Personen gefühlt, die in die Tüte greifen durften?
- Wie haben sich die Personen im mittleren Bereich des Kreises gefühlt?
- Wie haben sich die letzten Personen im Kreis gefühlt?
- Schreibe in fünf Sätzen in dein Heft, was gerecht ist. (Hier kann z. B. notiert werden: Gerechtigkeit ist der Ausgleich bei unterschiedlichen Voraussetzungen.)
- Wie können die Begriffe „Gleichheit" und „Gerechtigkeit" auf konkrete Herausforderungen für die Gesellschaft und den Staat übertragen werden? Welche konkreten Gegebenheiten fallen dir ein? (Hier kann z. B. die Frauenquote in Führungspositionen thematisiert werden oder der Gehaltsunterschied zwischen Frauen und Männern bei gleicher Arbeit.)

# Bonbontüte – Gleichheit vs. Gerechtigkeit

Kopiervorlage: Bilder zu Gleichheit vs. Gerechtigkeit

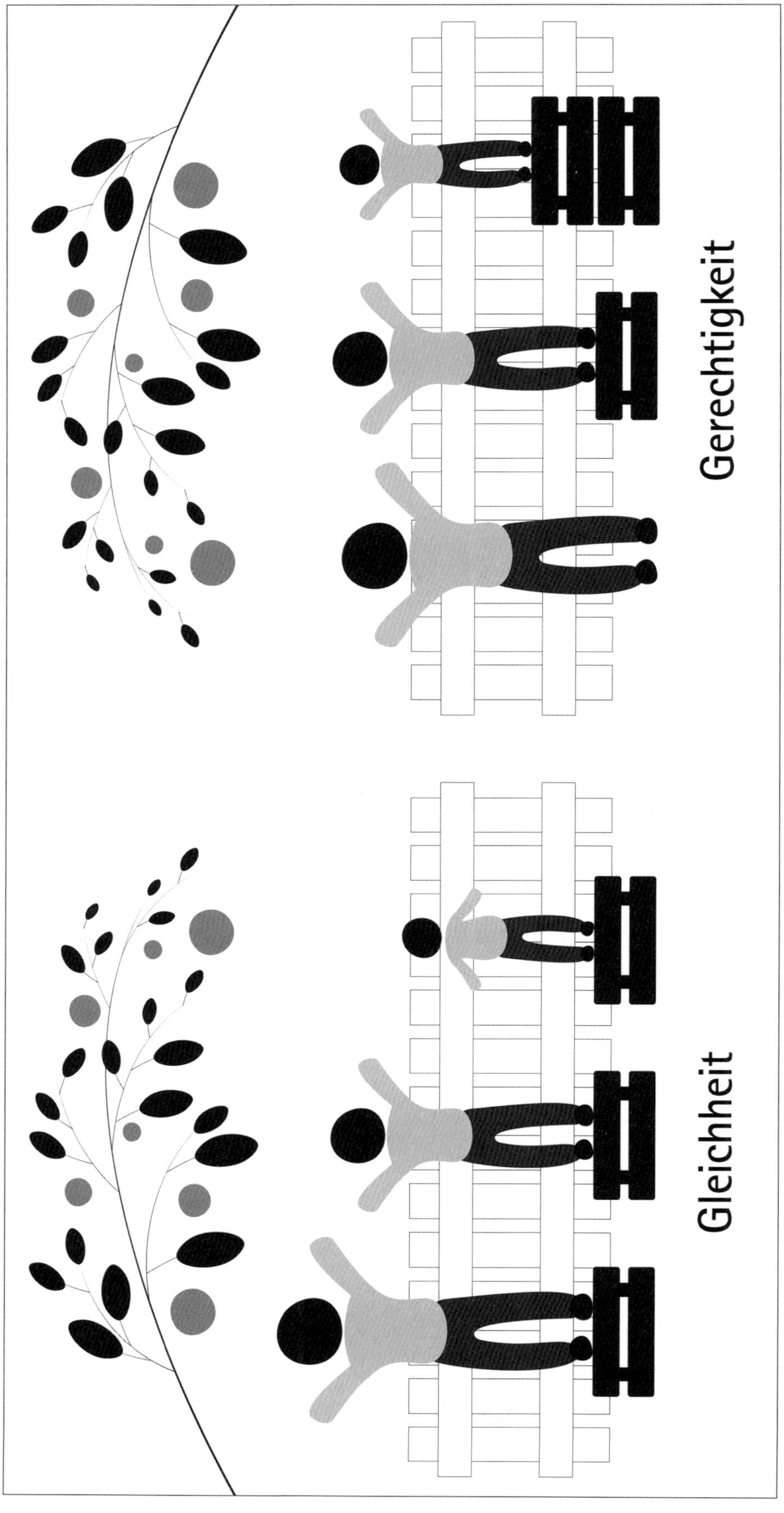

Gerechtigkeit

Gleichheit

# Ich packe meinen Klimakoffer und nehme für den Klimaschutz mit ...

Lehrerhinweise

| | | | |
|---|---|---|---|
| **Spielart:** | Denkspiel | **Klassenstufe:** | 8–13 |
| **Thema:** | Klimaschutz | **Dauer:** | circa 45 Minuten |
| **Ziel:** | Maßnahmen zum Klimaschutz sammeln und umsetzen | **Sozialform:** | Gruppenarbeit |
| | | **Material:** | Plakat, Zeitgeber (Gong o. Ä.) |

## Beschreibung

Bei diesem Denkspiel sollen die Teilnehmenden rundum an den Außenseiten von Tischen sitzen, die in Quadratform stehen. Bereiten Sie dies vor.
Führen Sie mit Ihren Schüler*innen zunächst ein Brainstorming durch. In dieser Denkrunde sammeln Sie mit den Lernenden an der Tafel Maßnahmen, mit denen man Umwelt und Klima schützen kann. Hier können genannt werden: Fahrrad fahren, weniger Müll verursachen, Wasser und Strom sparen, nachhaltiger einkaufen und essen usw.
Sie können die Liste um weitere, nicht genannte Vorschläge erweitern. (Ein Tipp: Suchen Sie im Internet nach den unbequemen Wahrheiten von Al Gore und Inhalten des Kyoto-Protokolls.)
Die Lernenden prägen sich die Anregungen ein und die Tafel wird zugeklappt. Jede Person bekommt ein Blatt, auf dem sie eine Klimaschutz-Maßnahme notiert, die sie sich gemerkt hat. Nach circa 30 Sekunden gibt die Lehrkraft ein Signal (Gong), nach dem das Blatt im Uhrzeigersinn weitergegeben wird. Die nächste Person erweitert die Vorschläge auf dem Blatt um einen neuen Aspekt. Das Blatt kann beliebig oft weitergereicht werden. Auf dem Blatt darf inhaltlich nicht 2-mal dasselbe stehen.

**Alternative**
Sobald die Vorschläge an der Tafel stehen, ordnen die Schüler*innen sie in Kategorien, wie etwa Verkehr, Haushalt oder Wasser, Strom, Müll etc.
Sie können mit den aufgelisteten Maßnahmen an der Tafel „Ich packe meinen Klimakoffer und nehme für den Klimaschutz mit ..." spielen. Jede Person packt eine neue Maßnahme ein. Die darauffolgende Person wiederholt den kompletten Satz und ergänzt ihn um einen neuen Aspekt, mit dem die Umwelt geschützt werden kann. So geht das Spiel immer weiter.

## Reflexion

→ Welche Maßnahmen würdest du umsetzen oder unterstützen?
→ Welche Maßnahme kannst du dir konkret für die nächsten Wochen vornehmen?

# Umweltschutz: Eis – Land – Meer

Lehrerhinweise

**Spielart:** Beobachtungsspiel

**Thema:** Eisschmelze als Folge des Klimawandels

**Ziel:** Eisschmelze beobachten und die Folgen erläutern

**Klassenstufe:** 5–7

**Dauer:** circa 45 Minuten

**Sozialform:** Gruppenarbeit

**Material:** je 4er-Gruppe eine Karaffe mit Wasser, 2 Gläser, 2 Steine, 4 Eiswürfel, Whiteboard-Marker, DIN-A4-Papier und Stift

## Beschreibung

Schieben Sie in der Vorbereitung für die Gruppenarbeit mit den Schüler*innen jeweils zwei Tische je Gruppe zusammen. Stellen Sie auf jedem Arbeitstisch zwei Gläser, zwei Steine sowie die Wasserkaraffe bereit und legen Sie einen Marker hinzu.
Verteilen Sie die Eiswürfel an die Schüler*innen. In ein Glas legen die Schüler*innen die Steine und anschließend zwei Eiswürfel darauf, in das andere legen sie nur die zwei Eiswürfel. Beide Gläser befüllen Sie dann mit gleich viel Wasser, wobei allerdings die Steine nicht komplett im Wasser versinken dürfen.
Bevor die Eiswürfel zu schmelzen beginnen, markiert ein Gruppenmitglied die Wasserlinie auf dem Glas. Das Glas mit den Steinen, Wasser und Eiswürfel steht für Landeis (Grönland oder Antarktis) und das andere Glas für Meereis. Danach beobachten die Schüler*innen die Vorgänge und markieren erneut die Wasserlinien an beiden Gläsern, wenn kein Eis mehr vorhanden ist.
Zum Hintergrund: Wenn die Eiswürfel schmelzen, schrumpfen sie auf das Volumen von flüssigem Wasser. Daher erhöht sich der Wasserstand beim Meereis nicht. Die geschmolzenen Eiswürfel auf der Landmasse (den Steinen) fließt ins Wasser, sodass der Wasserspiegel steigt. Die Gruppenmitglieder besprechen sich zu ihren Beobachtungen und fertigen ein Protokoll an.

## Variante

Im Vorfeld können Sie auch blaue Lebensmittelfarbe in das Wasser für die Eiswürfel mischen. Es lässt sich so besonders gut beobachten, wie die Eiswürfel schmelzen und die Farbe zum Glasboden fließt.

## Reflexion

- → Was passiert in beiden Gläsern, wenn das Eis schmilzt? Fasse deine Beobachtungen zusammen.
- → Wodurch steigt global der Meeresspiegel? (Antwort: durch den Klimawandel und wenn dabei z. B. das Eis der Antarktis, die Gletscher und die gefrorenen Böden schmelzen)
- → Was können Folgen für die Erde sein, wenn der Meeresspiegel steigt?

# Soapbox

Lehrerhinweise

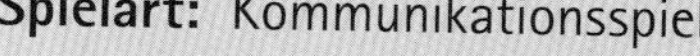

**Spielart:** Kommunikationsspiel

**Thema:** Ursachen und Folgen des Klimawandels

**Ziel:** eine Rede vorbereiten und halten

**Klassenstufe:** 8–10

**Dauer:** circa 45 Minuten

**Sozialform:** Partnerspiel/Gruppenarbeit

**Material:** stabile Kiste zum Draufstellen, die Themenkarten für die freie Rede (Vorlage S. 84), je Schüler*in ein Block und ein Stift

## Beschreibung

Kopieren Sie einmal die Themenkarten für die freie Rede und schneiden Sie sie zu.
Wie die freien Redner*innen im Londoner Hyde Park, die sich dort zum Vortragen auf eine „Soapbox" stellen, bereiten die Schüler*innen eine ein- bis zweiminütige freie Rede zu einem aktuellen Thema vor. Dieses suchen sich die Schüler*innen selbst aus oder nehmen sich von Ihnen eine Themenkarte. Egal ob selbst überlegt oder auf einer Karte gefunden – für jede*n Schüler*in kommt es bei seinem Thema auf eines an: begründet Stellung zu beziehen.
Die Schüler*innen sammeln zunächst schriftlich Stichpunkte und formulieren einen eigenen Standpunkt. Dann gehen sie auf die Soapbox und halten ihren Vortrag, Die Soapbox ist dafür da, die eigene Meinung zu äußern und andere für ein bestimmtes Thema zu sensibilisieren.

## Hinweis

Wichtig ist, dass die Schüler*innen Argumente für ihren Standpunkt zusammentragen.
Sie können dies auch auf Karteikarten tun und diese bei der Rede als Merkhilfe verwenden.
Fakten und Daten, Argumente, Bilder, Statistiken usw. unterstützen die eigene Haltung.

## Varianten

→ Die Schüler*innen entwerfen eine Botschaft für eine Plakataktion zum vorgetragenen Thema. Dazu können sie ein Plakat zum Thema entwerfen und dieses mit Bildern und mit Argumenten ergänzen.

→ Die Redner*innen können die Beiträge auf der Soapbox in 5er-Gruppen vorstellen, damit sie vor einer kleinen Gruppe frei sprechen lernen. Gehen Sie dafür mit der Klasse raus. Alternativ können sich zwei Redner*innen in Form eines Partnerbriefings gegenüberstehen und ihre Ergebnisse präsentieren.

## Reflexion

→ Haben die Redner*innen deines Erachtens ein wichtiges und aktuelles Thema gewählt? Sind dir die Standpunkte der Redner*innen deutlich geworden?

→ Gab es besonders überzeugende und starke Argumente für bestimmte Standpunkte? Hattest du vor der Rede eine andere Ansicht zu den Themen?

# Soapbox

Kopiervorlage: Themenkarten für die freie Rede

| | |
|---|---|
| Plastikmüll in Ozeanen – Wird das Problem dramatisiert? | Tierhaltung im Zoo – Sollen Zoos abgeschafft werden? |
| Gentechnologie – Sind gezielte Eingriffe in das Erbgut von Lebewesen (z. B. Klonen) in Ordnung? | Klimawandel und die Folgen der Erderwärmung – Wie schlimm ist es wirklich? |
| Bestimmt das Internet unser Leben zu sehr? | Tierschutzgesetz – Soll man Tierversuche verbieten? |
| Grundrechte für die Tiere – Ist „Great Ape Project" eine sinnvolle Initiative? | Menschenrechte weltweit – Sollte uns das in Europa interessieren? |
| Soll jede Person automatisch Organspender*in sein, sofern sie dem nicht ausdrücklich widerspricht? | Technik im alltäglichen Leben – Nutzen oder Risiko? |
| Künstliches Licht – nützlich und schädlich zugleich? | Ökosystem, Klimawandel und Wintertourismus – Welche Zukunft hat der Wintersport? |
| Drohnen – gewinnbringend oder schädigend? | Bewaffnete Drohnen für die Bundeswehr? |
| Sollte der öffentliche Personennahverkehr kostenfrei sein? | Braucht Deutschland Nuklearwaffen? |
| Brauchen wir ein Tempolimit von 130 km/h auf der Autobahn? | Brauchen wir Atomkraft? |
| Brauchen wir eine staatliche pädagogische Schulung für Eltern („Eltern-Führerschein")? | Soll aktive Sterbehilfe in Deutschland legalisiert werden? |

# Buchstabensalat

Lehrerhinweise

**Spielart:** Suchspiel

**Thema:** Begriffe rund um Ökologie, Natur und Technik

**Ziel:** Begriffe im Suchspiel finden

**Klassenstufe:** 5–7

**Dauer:** circa 15 Minuten

**Sozialform:** Einzelarbeit und alle zusammen

**Material:** je Schüler*in ein Wortgitter rund um Ökologie, Natur und Technik (Vorlage S. 86) und ein Stift

## Beschreibung

Kopieren Sie im Vorfeld für jede*n Schüler*in das Wortgitter rund um Ökologie, Natur und Technik. Das Wortgitter ist ein Buchstabensalat, in dem man bei genauem Hinschauen verschiedene Begriffe finden kann.
Die Schüler*innen spielen im Wettkampf gegeneinander und suchen diese Begriffe – jede*r erhält von Ihnen ein Wortgitter. Die Wörter können senkrecht und waagerecht stehen.
Wer zuerst alle 24 Wörter gefunden hat, hat gewonnen.
Das Spiel hier dient der Wiederholung und Festigung von Begriffen aus Ökologie, Natur und Technik. Die Schüler*innen können nach der Einzelarbeit im Plenum die Begriffe noch diskutieren. Jede*r entscheidet sich für drei bis fünf Begriffe aus dem Wortgitter und notiert in sein*ihr Heft, was diese mit dem Thema Ökologie, Natur und Technik zu tun haben. Darüber tauschen sich die Schüler*innen aus.

## Hinweis

In dem Wortgitter werden Umlaute zu Vokalen: ä = ae, ö = oe, ü = ue.

## Variante

- → Um den Schwierigkeitsgrad zu erhöhen, können auch Wortgitter verwendet werden, bei denen die zu suchenden Wörter diagonal oder von rechts nach links und von unten nach oben im Suchfeld stehen. Im Internet gibt es Seiten, auf denen Sie solche Wortgitter erstellen können.
- → Um den Schwierigkeitsgrad zu erhöhen, kann man die gesuchten Wörter nicht vorgeben.

## Reflexion

- → Was haben die Begriffe mit den Themen Ökologie, Natur und Technik zu tun?
- → Erzähle von deinen Erlebnissen in der Natur.
- → Was bedeutet Nachhaltigkeit für dich?
- → Wie können wir die Natur und uns schützen?
- → Wie kannst du Energie sparen?

# Buchstabensalat

Kopiervorlage: Wortgitter rund um Ökologie, Natur und Technik

**Finde die versteckten Wörter in diesem Buchstabensalat.**

| O | T | U | N | T | B | P | A | S | C | H | L | E | P | P | N | E | T | Z | R |
|---|---|---|---|---|---|---|---|---|---|---|---|---|---|---|---|---|---|---|---|
| K | G | M | U | K | R | A | F | T | W | E | R | K | E | D | S | Z | U | E | H |
| V | P | W | B | T | W | A | E | R | M | E | K | R | A | F | T | W | E | R | K |
| Q | W | E | P | A | O | E | X | W | M | E | N | S | C | H | E | N | L | A | L |
| Q | A | L | F | K | Z | P | W | I | W | V | F | I | S | C | H | E | V | L | N |
| F | L | T | G | G | J | N | E | N | A | I | V | N | U | Y | H | C | E | S | K |
| X | D | S | R | L | O | C | R | D | S | R | I | S | R | O | Q | A | I | P | G |
| L | S | C | E | G | U | G | D | K | S | N | B | I | Z | J | C | T | W | R | E |
| O | P | H | E | N | E | A | O | R | E | K | Q | B | Y | K | Q | O | A | O | L |
| H | A | U | N | K | X | S | E | A | R | R | N | Y | S | Y | U | M | N | T | D |
| J | Z | T | P | Y | X | K | L | F | K | R | B | C | K | Z | A | K | S | E | R |
| A | I | Z | E | O | V | R | I | T | R | M | M | R | P | S | W | R | S | S | L |
| E | E | O | A | V | K | A | M | W | A | I | E | K | Y | W | D | A | K | T | E |
| D | R | R | C | L | Z | F | W | E | F | R | D | J | L | M | B | F | U | A | B |
| P | G | G | E | T | S | T | D | R | T | R | E | R | D | E | V | T | E | K | E |
| A | A | A | A | L | W | W | X | K | W | Y | U | M | U | E | K | W | S | T | N |
| H | N | N | U | S | R | E | R | M | E | P | K | M | D | R | Q | E | T | I | T |
| G | G | I | X | W | I | R | D | E | R | X | C | A | J | C | Z | R | E | O | Z |
| D | E | S | J | H | O | K | P | H | K | S | U | E | Q | P | H | K | B | N | U |
| E | C | A | S | O | N | N | E | N | K | R | A | F | T | W | E | R | K | E | G |
| U | H | T | W | Z | G | P | W | R | E | G | E | N | W | A | L | D | H | N | T |
| P | G | I | A | D | X | Q | J | H | B | H | N | A | T | U | R | H | O | L | Z |
| A | D | O | K | Z | L | A | W | C | G | E | F | A | H | R | U | A | T | V | G |
| K | B | N | A | J | H | Q | U | O | Z | M | T | E | C | H | N | I | K | E | X |

**Diese Wörter sind versteckt:**

SONNENKRAFTWERK HOLZ GELD ERDOEL NATUR KRAFTWERKE MENSCHEN LEBEN ATOMKRAFTWERK TECHNIK FISCHE UMWELTSCHUTZORGANISATION WASSERKRAFTWERK REGENWALD PROTESTAKTIONEN GEFAHR ERDE WAERMEKRAFTWERK WALDSPAZIERGANG KUESTE WINDKRAFTWERK SCHLEPPNETZ GREENPEACE GASKRAFTWERK

# Buchstabensalat

Lösung: Wortgitter rund um Ökologie, Natur und Technik

| O | T | U | N | T | B | P | A | S | C | H | L | E | P | P | N | E | T | Z | R |
|---|---|---|---|---|---|---|---|---|---|---|---|---|---|---|---|---|---|---|---|
| K | G | M | U | K | R | A | F | T | W | E | R | K | E | D | S | Z | U | E | H |
| V | P | W | B | T | W | A | E | R | M | E | K | R | A | F | T | W | E | R | K |
| Q | W | E | P | A | O | E | X | W | M | E | N | S | C | H | E | N | L | A | L |
| Q | A | L | F | K | Z | P | W | I | W | V | F | I | S | C | H | E | V | L | N |
| F | L | T | G | G | J | N | E | N | A | I | V | N | U | Y | H | C | E | S | K |
| X | D | S | R | L | O | C | R | D | S | R | I | S | R | O | Q | A | I | P | G |
| L | S | C | E | G | U | G | D | K | S | N | B | I | Z | J | C | T | W | R | E |
| O | P | H | E | N | E | A | O | R | E | K | Q | B | Y | K | Q | O | A | O | L |
| H | A | U | N | K | X | S | E | A | R | R | N | Y | S | Y | U | M | N | T | D |
| J | Z | T | P | Y | X | K | L | F | K | R | B | C | K | Z | A | K | S | E | R |
| A | I | Z | E | O | V | R | I | T | R | M | M | R | P | S | W | R | S | S | L |
| E | E | O | A | V | K | A | M | W | A | I | E | K | Y | W | D | A | K | T | E |
| D | R | R | C | L | Z | F | W | E | F | R | D | J | L | M | B | F | U | A | B |
| P | G | G | E | T | S | T | D | R | T | R | E | R | D | E | V | T | E | K | E |
| A | A | A | A | L | W | W | X | K | W | Y | U | M | U | E | K | W | S | T | N |
| H | N | N | U | S | R | E | R | M | E | P | K | M | D | R | Q | E | T | I | T |
| G | G | I | X | W | I | R | D | E | R | X | C | A | J | C | Z | R | E | O | Z |
| D | E | S | J | H | O | K | P | H | K | S | U | E | Q | P | H | K | B | N | U |
| E | C | A | S | O | N | N | E | N | K | R | A | F | T | W | E | R | K | E | G |
| U | H | T | W | Z | G | P | W | R | E | G | E | N | W | A | L | D | H | N | T |
| P | G | I | A | D | X | Q | J | H | B | H | N | A | T | U | R | H | O | L | Z |
| A | D | O | K | Z | L | A | W | C | G | E | F | A | H | R | U | A | T | V | G |
| K | B | N | A | J | H | Q | U | O | Z | M | T | E | C | H | N | I | K | E | X |

**Diese Wörter sind versteckt:**

SONNENKRAFTWERK HOLZ GELD ERDOEL NATUR KRAFTWERKE MENSCHEN LEBEN ATOMKRAFTWERK TECHNIK FISCHE UMWELTSCHUTZORGANISATION WASSERKRAFTWERK REGENWALD PROTESTAKTIONEN GEFAHR ERDE WAERMEKRAFTWERK WALDSPAZIERGANG KUESTE WINDKRAFTWERK SCHLEPPNETZ GREENPEACE GASKRAFTWERK

# Welche Mütze habe ich auf? 1/2

Lehrerhinweise

**Spielart:** Rätselspiel
**Thema:** logisches Denken
**Ziel:** ein Problem logisch lösen
**Klassenstufe:** 8–13
**Dauer:** circa 15 Minuten
**Sozialform:** Gruppenarbeit
**Material:** Trennwand, 2-mal 2 Mützen in einer Farbe (z. B. 2 schwarze und 2 weiße Mützen)

## Beschreibung

Besorgen Sie im Vorfeld zwei Mützen in einer und zwei Mützen in einer anderen Farbe, beispielhaft ist im Folgenden von schwarzen und weißen Mützen die Rede. Stellen Sie im Klassenzimmer eine Trennwand auf, die so hoch ist, dass man die dahinterstehende Person nicht sehen kann.
In dem Rätselspiel geht es um vier Personen auf einer Insel, die erraten müssen, welche Farbe ihre Kopfbedeckung hat. Sie sind auf der Suche nach dem großen Schatz und erhalten die wertvolle Schatzkarte, wenn eine Person die eigene Mützenfarbe nennen kann.
Für dieses Spiel begibt sich eine Person A allein auf die eine Seite der Trennwand.
Drei weitere Personen (B, C und D) stellen sich hintereinander auf die andere Seite, ihr Blick geht zur Trennwand. Setzen Sie den vier Schüler*innen nun die Mützen so auf, dass diese die Farben ihrer Mützen nicht erkennen können.
Allerdings können die Schüler*innen teilweise die Farben anderer Mützen erkennen.
Person D kann unmittelbar vor sich Person C mit Mütze und davor Person B mit Mütze sehen.
Person C hat Person B und deren Mütze vor sich. Person B schaut auf die Wand. Person A und die anderen drei können sich nicht gegenseitig sehen. Alle wissen aber, dass es zwei schwarze und zwei weiße Mützen gibt. Das Spiel ist mit logischem Denken lösbar.
Die Schüler*innen ohne Mützen beobachten das Spiel und überlegen sich Lösungswege.

**Hier ein Beispiel, wie die Schüler*innen die Aufgabe lösen können:**

- → Person C sieht vor sich eine weiße Mütze.
- → Hätte Person C selbst auch eine weiße Mütze auf, würde Person D hinter ihr sicher wissen, dass ihre eigene Mütze schwarz sein muss und das laut sagen.
- → Da Person D hinter ihr schweigt, kann Person C keine weiße Mütze aufhaben, sondern eine schwarze Mütze.
- → Fazit: Person C kann schlussfolgern, welche Farbe ihre Mütze hat.

**Generell gilt:**

- → Person A kann zur Lösung nichts beitragen, da sie niemanden sieht.
- → Person B sieht ebenfalls keine Person mit Mütze.
- → Es hängt alles von der Reaktion der letzten Person D ab. Weiß diese nichts, wird Person C aktiv.

## Hinweis

Die Personen dürfen sich nicht umdrehen und nach den anderen schauen und sie dürfen nicht miteinander kommunizieren.

## Reflexion

→ Wie bist du bei dem Spiel vorgegangen? (aus Sicht der Person A, B, C und D)
→ Welche Lösungsvorschläge hast du dir als beobachtende Person überlegt?

# Welche Feder habe ich auf dem Kopf?

Lehrerhinweise

**Spielart:** Rollenspiel

**Thema:** logisches Denken

**Ziel:** logisches Denken ohne Kommunikation

**Klassenstufe:** 8–13

**Dauer:** circa 15 Minuten

**Sozialform:** Gruppenarbeit

**Material:** je 4er-Gruppe 5 Federn (2 schwarze und 3 weiße Federn in echt oder als Kopie der Federn zum Ausschneiden [Vorlage S. 91]) sowie 3 Haarklammern und 3 Tücher

## Beschreibung

Für dieses Spiel müssen Sie im Vorfeld Federn organisieren – zwei in Schwarz und drei in Weiß pro 4er-Gruppe von Schüler*innen. Alternativ können Sie auch jeweils eine Kopie der Federn von Seite 91 nutzen und diese Federn dann ausschneiden (lassen).
Das bekannte philosophische Spiel verlangt logisches Denken. Die Schüler*innen teilen sich in 4er-Gruppen ein, um so zusammen in ein Rollenspiel zu schlüpfen. Dabei stellen drei Personen im Plenum die Gefangenen dar, die nur dann am Leben bleiben, wenn sie erraten können, welche Federfarbe sie im Haar haben. Die vierte Person wird zur Spielleitung – sie überwacht, dass keine Person schummelt und mit den anderen redet.
Die drei Gefangenen verbinden sich mit dem Tuch die Augen, die Gruppenleitung befestigt mit der Haarklammer jeweils eine Feder in den Haaren. Insgesamt stehen zwei schwarze Federn und drei weiße Federn zur Auswahl. Die überzähligen Federn werden versteckt.
Die drei Gefangenen stellen sich im Dreieck zueinander auf. Die Augenbinden werden entfernt und die Gefangenen können die Federn der anderen sehen, aber nicht die eigene. Sie sollen herauskriegen, ob sie eine schwarze oder weiße Feder im Haar haben, dabei dürfen sie lediglich die von ihnen vermutete Farbe oder „Ich weiß es nicht." sagen, sonstige Kommunikation ist verboten. Das Spiel ist mit logischem Denken lösbar.

## Hinweis

Die Gefangenen dürfen sich keine Zeichen geben und nicht miteinander kommunizieren.

## Reflexion

- Wie bist du als gefangene Person bei dem Spiel vorgegangen?
- Was hast du als Spielleitung bei der Lösungsfindung beobachtet?
  Warum ist dieses Spiel mit logischem Denken lösbar?

# Welche Feder habe ich auf dem Kopf?

Kopiervorlage: Federn zum Ausschneiden

# Knobelaufgaben

Lehrerhinweise

**Spielart:** Denkspiel

**Thema:** Gehirnjogging und Rätsel

**Ziel:** kognitive Fähigkeiten beim Lösen von Knobelaufgaben einsetzen

**Klassenstufe:** 5–10

**Dauer:** circa 15 Minuten

**Sozialform:** Partnerarbeit

**Material:** je 2er-Team ein Spielblatt zum Knobeln (Vorlage S. 93) und ein Stift

## Beschreibung

Kopieren Sie im Vorfeld für je zwei Schüler*innen ein Spielblatt zum Knobeln. In 2er-Teams werden die Knobelaufgaben gemeinsam gelöst. Das Team, das zuerst alle Aufgaben ge öst hat, gewinnt.

## Hinweis

Hier finden Sie die Lösungen für die Knobelaufgaben:

**1.**

| 5 | 9 | 1 |
|---|---|---|
| 3 | 4 | 8 |
| 7 | 2 | 6 |

**2.** Dein Bruder!
**3.** Dienstag
**4.** Es sind noch immer 25 Fische am Samstag im Aquarium!
**5.** Ein Würfel hat 8 Ecken, somit haben fünf Würfel 40 Ecken.
**6.** Die Zahl lautet: 97531
**7.** Die Zahl 22 (Es wird immer eine Zahl höher addiert + 1 + 2 + 3 + 4 + 5 + 6)
**8.** 23 Tauben haben mehr Beine. 23 Tauben x 2 Beine = 46 Beine.
**9.** Der Bauer muss mehrfach über den Fluss rudern. Eine der möglichen Varianten ist: Er kann zuerst mit dem Schaf den Fluss überqueren und setzt es am anderen Ufer ab. Dann rudert der Bauer allein zurück und nimmt den Kohlkopf mit. Er legt ihn am anderen Ufer ab und lädt das Schaf wieder ins Boot, damit es den Kohl nicht frisst. Auf der anderen Seite des Flusses setzt der Bauer das Schaf ab und bringt den Wolf mit dem Boot ans andere Ufer, um ihn dort mit dem Kohlkopf zurückzulassen. Anschließend rudert der Bauer wieder zurück, um noch das Schaf überzusetzen.

## Reflexion

→ Bei welcher Aufgabe hast du am längsten geknobelt? Warum war die Aufgabe schwerer?
→ Welche Aufgaben konntest du schnell lösen?

# Knobelaufgaben

Kopiervorlage: Spielblatt zum Knobeln

**Knobelt zu zweit. Das Team, das zuerst alle Aufgaben gelöst hat, ist Sieger.**

**1.** Tragt in die Felder die Zahlen 1 bis 9 so ein, dass die Summe jeder Spalte und jeder Zeile 15 ergibt (Sudoku).

| | | |
|---|---|---|
| | | |
| | | |

**2.** Du bist meine große Schwester in der Familie, aber ich bin nicht deine Schwester.

Wer bin ich? ..............................................................................................................................

**3.** Vor zwei Tagen war Samstag. Gestern war Sonntag. Welcher Tag ist morgen?

..............................................................................................................................

**4.** Am Freitag befinden sich 25 Fische im Aquarium von Paul. Über Nacht passiert etwas sehr Ungewöhnliches:
Sieben Fische ertrinken. Drei Fische schwimmen weg und zwei Fische verstecken sich unter einem Stein. Wie viele Fische befinden sich am Samstag noch im Aquarium?

**5.** Wie viele Ecken haben fünf Würfel zusammen?

**6.** Welche Zahl ist die größte fünfstellige Zahl, bei der jede Ziffer nur einmal vorkommt und alle Ziffern ungerade sind?

**7.** Welche Zahl gehört an die Stelle des Fragezeichens? 1/2/4/7/11/16/?

**8.** Wer hat mehr Beine?
Ein Pferd, zwei Kühe, drei Spinnen, vier Hühner und fünf Fische oder 23 Tauben?

**9.** Ein Wolf, ein Schaf und ein Kohlkopf müssen den Fluss überqueren. Wie schafft der Bauer es, alle Passagiere unbeschadet ans andere Ufer zufahren, sodass der Wolf nicht das Schaf und das Schaf nicht den Kohlkopf auffressen kann? Der Bauer hat nur einen weiteren Platz im Boot für die Passagiere. Wen soll er zuerst rüberfahren? Wie soll er sie rüberfahren?

# Streichholzrätsel

Lehrerhinweise

**Spielart:** Denkspiel

**Thema:** logisches Denken

**Ziel:** Vorstellungskraft und Kombinationsfähigkeit fördern

**Klassenstufe:** 7–13

**Dauer:** circa 15 Minuten

**Sozialform:** Partnerarbeit

**Material:** je 2er-Team 29 Streichhölzer oder Zahnstocher, ein Spielblatt mit Streichholzrätseln (Vorlage S. 95) und ein Stift

## Beschreibung

Kopieren Sie im Vorfeld für je zwei Schüler*innen ein Spielblatt zum Knobeln. In 2er-Teams lösen die Schüler*innen dann die Aufgaben mit den Streichhölzern gemeinsam. Diese Lösungen zeichnen sie auf dem Spielblatt ein. Das Team, das zuerst alle Aufgaben gelöst hat, gewinnt.

## Hinweis

Hier finden Sie die Lösungen für die Knobelaufgaben:

*1. Rätsel:*

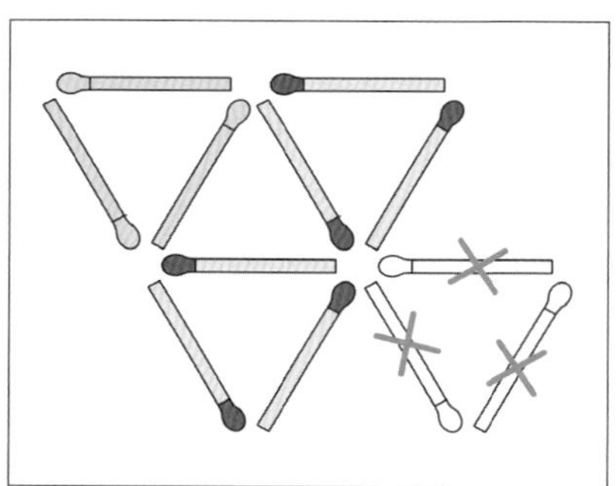

*2. Rätsel:*

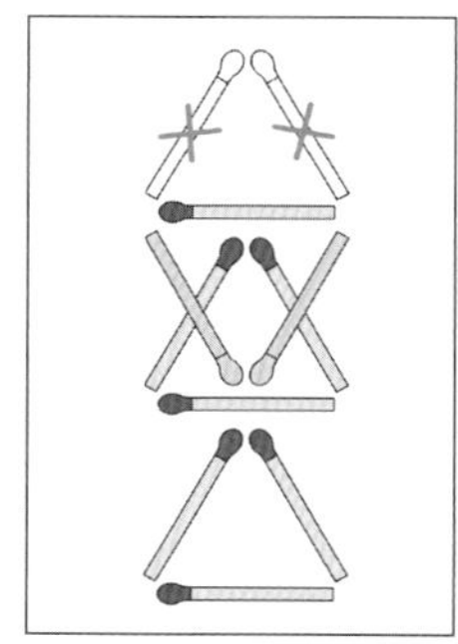

*3. Rätsel:*

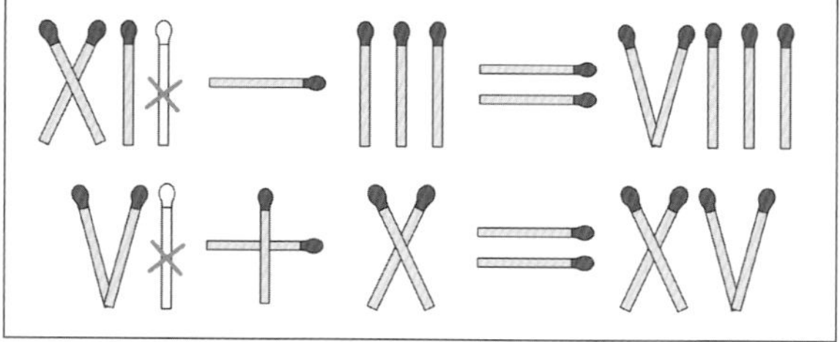

*4. Rätsel:*

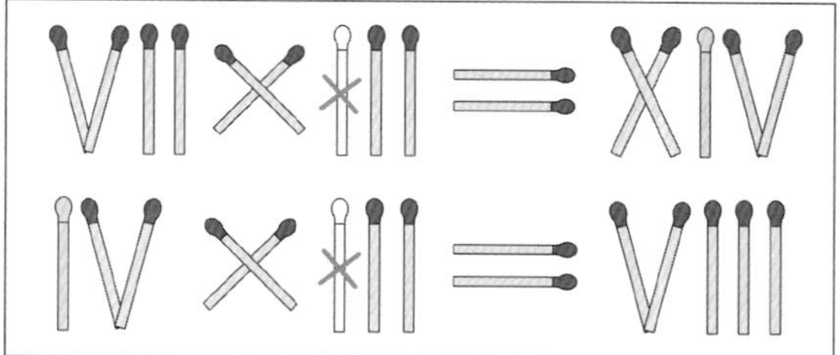

## Reflexion

- → Bei welchem Rätsel hast du am längsten geknobelt? Warum war das Rätsel schwerer?
- → Welches Rätsel konntest du schnell lösen?
- → Kennst du andere Rätsel, die du der Klasse mitteilen möchtest?

# Streichholzrätsel

Kopiervorlage: Spielblatt mit Streichholzrätseln

*1. Rätsel:* Lege drei Streichhölzer so um, dass fünf gleichseitige Dreiecke entstehen.

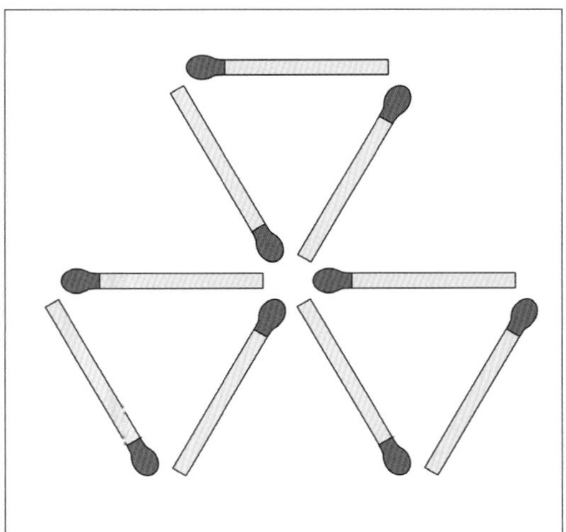

*2. Rätsel:* Lege zwei Streichhölzer so um, dass sieben gleichseitige Dreiecke entstehen.

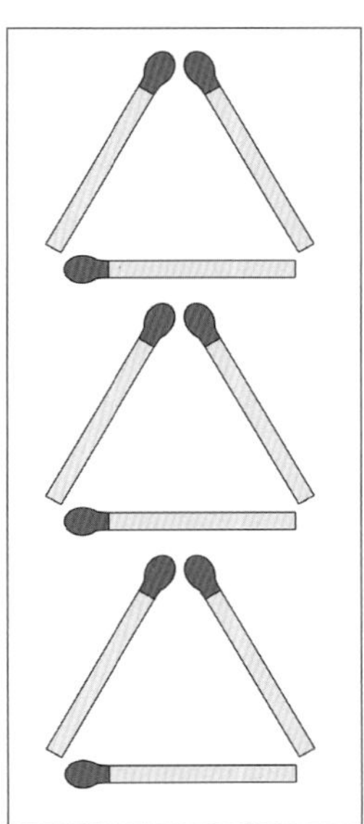

*3. Rätsel:* Nimm bei jeder Rechenaufgabe ein Streichholz weg, damit du zu einem korrekten Ergebnis kommst.

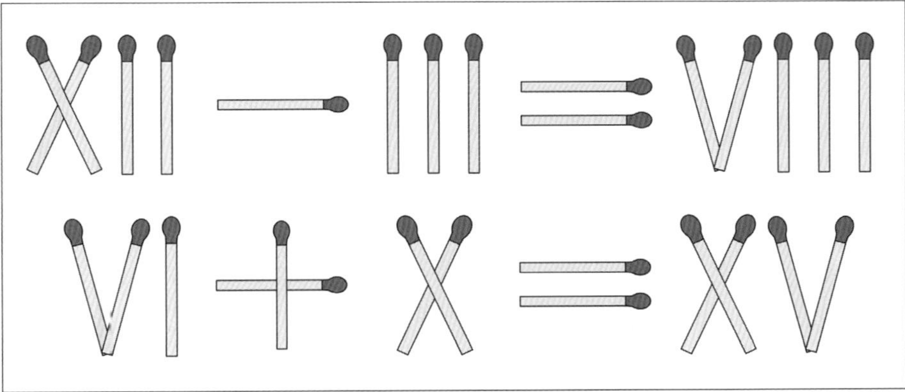

*4. Rätsel:* Lege bei jeder Rechenaufgabe ein Streichholz so um, dass du zu einem korrekten Ergebnis kommst.

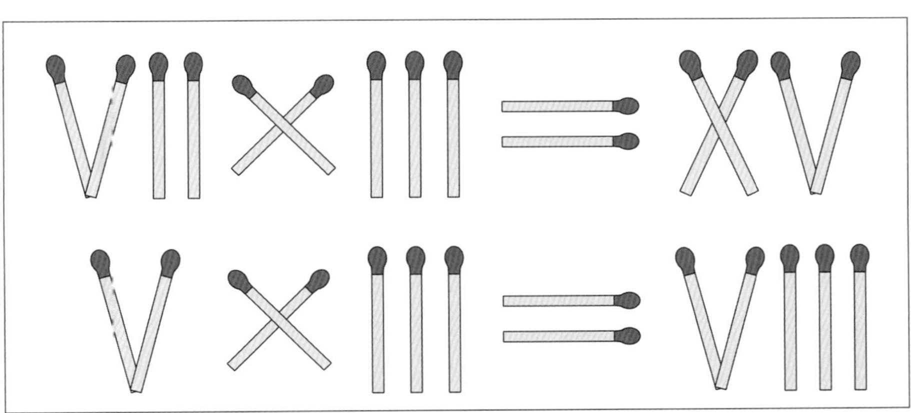

# Drei Geschichten, zwei Wahrheiten und eine Lüge

Lehrerhinweise

**Spielart:** Rollenspiel

**Thema:** Wahrheit oder Lüge – verrät es die Körperhaltung?

**Ziel:** erkennen, wer nicht die Wahrheit erzählt

**Klassenstufe:** 5–10

**Dauer:** circa 30–35 Minuten (je nach Gruppengröße)

**Sozialform:** Gruppenarbeit und alle zusammen

**Material:** Zeitgeber, akustisches Signal (Gong o. Ä.), je Schüler*in ein DIN-A4-Blatt und ein Stift

## Beschreibung

Die Schüler*innen setzen sich zu dritt zusammen. Sie entscheiden sich für drei kurze Geschichten, die sie später vor der Klasse erzählen werden. Dabei erzählen zwei aus der Gruppe jeweils eine wahre Anekdote aus ihrem Leben und die dritte Person berichtet eine erfundene Geschichte. Nach circa 5 Minuten Austausch und Vorbereitung geben Sie ein akustisches Signal (Gong), die Schüler*innen schließen ihre Vorarbeit ab. Die ersten drei Freiwilligen setzen sich vor die Klasse und fangen an, ihre Geschichten zu erzählen. Damit alle aktiv dabei sind, notieren die Zuschauer*innen auf einem Blatt, wer eine erfundene Geschichte wiedergibt und woran sie es erkennen.
Nach den drei Vorträgen fragen Sie die Klasse: „Was glaubt ihr: Welche Geschichte entspricht nicht der Wahrheit?" Die Beobachter*innen äußern Vermutungen aufgrund inhaltlicher Aspekte, die ihnen aufgefallen sind, der Körperhaltung, Gestik und Mimik der Erzähler*innen. Sie erläutern auch, wie sie zu ihrer Entscheidung gekommen sind. Bevor die Auflösung gegeben wird, gibt die Klasse ein Votum ab. Am Ende löst die Gruppe auf, wer eine erfundene Geschichte erzählt hat, und sie besprechen, wer mit seiner Vermutung richtig lag. Dann kommt die nächste Gruppe dran.

## Hinweis

→ Die Schüler*innen, die sich besonders gut kennen, sollen der Klasse nichts verraten, wenn sie die Lüge bei den anderen erkennen.
→ Zeichnen Sie ein Cluster an die Tafel und sammeln Sie Anzeichen, woran man im Allgemeinen eine Person beim Lügen erkennen könnte. Einige Beispiele: Augen und Mund sagen nicht das Gleiche, es wird auffällig gelacht oder häufig geblinzelt, die Wangen und/oder Ohren erröten, die Hand wird vor das Gesicht gehalten, die Bewegungen sind fahrig, es gibt Unruhe in den Beinen, starkes Schwitzen, die Person distanziert sich usw.

## Reflexion

→ Wer hat deiner Überzeugung nach die erfundene Geschichte erzählt?
→ Woran meintest du, zu erkennen, wer die Unwahrheit erzählt hat? Woran lag es?
→ Was glaubst du: Wie oft lügt ein Mensch am Tag? (Hier können Studien über Lügenhäufigkeit herangezogen werden.) Warum erzählen Menschen wohl die Unwahrheit?

# Ich glaube, ich weiß, was ich meine ...

Lehrerhinweise

**Spielart:** Entscheidungsspiel

**Thema:** Unterscheidung von Glauben, Meinen und Wissen

**Ziel:** zwischen objektiven und subjektiven Wahrheiten unterscheiden können

**Klassenstufe:** 8–13

**Dauer:** circa 20 Minuten

**Sozialform:** Gruppenarbeit

**Material:** je 4er-Gruppe einmal die Aussagekarten und 3-mal die Glauben-Meinen-Wissen-Karten (Vorlage S. 98)

## Beschreibung

Kopieren Sie für jede Gruppe im Vorfeld einmal die Aussagekarten und 3-mal die Glauben-Meinen-Wissen-Karten. Schneiden Sie die Karten zu und laminieren Sie sie, falls das möglich ist, damit sie länger halten.

In dem Entscheidungsspiel geht es um klassische Aussagen, die die Schüler*innen in die drei Kategorien „Glauben", „Wissen" und „Meinen" einordnen. Bei dem Spiel kommen die Schüler*innen in 4er-Gruppen zusammen. Eine Gruppe soll gemeinsam an einem Tisch sitzen – eventuell muss das Klassenzimmer entsprechend vorbereitet werden.

Eine Person in der Gruppe wird jeweils zur Spielleitung. Sie teilt an die anderen Personen je drei Karten aus, auf denen „Glauben", „Wissen" und „Meinen" steht. Sie selbst behält die Aussagekarten, auf denen auch die Lösungen stehen. Sie liest den ersten Aussagesatz vor.

Die anderen Mitspieler*innen entscheiden sich mithilfe der Glauben-Meinen-Wissen-Karten für eine Antwort und legen verdeckt eine der drei Antwortkarten vor sich hin. Wenn alle ihre Entscheidung getroffen haben, dreht jede*r seine*ihre Karte um. Die erste Person begründet ihre Haltung. Reihum folgen die anderen Schüler*innen. Die Spielleitung in der Gruppe liest die Aussage erneut und löst die richtige Antwort auf. Wer richtig geantwortet hat, bekommt einen Spielpunkt. Dann geht es mit der nächsten Aussage weiter. Die Person mit den meisten Spielpunkten gewinnt.

## Hinweis

Die Klasse kann weitere Aussagekarten erstellen, somit hat sie das Spiel für weitere Stunden erweitert. Oder die Schüler*innen tauschen sich direkt im Anschluss mit den anderen Gruppen über diese Aussagen aus.

## Reflexion

- Wann sagst du im Alltag „Ich glaube", „Ich meine" oder „Ich weiß"? Warum verwendest du die jeweilige Formulierung?
- Was bedeutet jeweils „Glauben", „Wissen" und „Meinen"? (Definitionen sind gewünscht.)

# Ich glaube, ich weiß, was ich meine ...

Kopiervorlage: Aussagekarten und Glauben-Meinen-Wissen-Karten

| | | |
|---|---|---|
| „McDonalds ist besser als KFC." *(→ Meinen)* | Handballkommentator: „Das war ein Foul. Sehen wir es uns gleich noch einmal in der Wiederholung an." *(→ Meinen)* | „Im Artikel 3 des Grundgesetzes der Bundesrepublik Deutschland steht, dass alle Menschen vor dem Gesetz gleich sind." *(→ Wissen)* |
| „Die Gottesunfürchtigen kommen in die Hölle." *(→ Glauben)* | „Im Artikel 1 des Grundgesetzes der Bundesrepublik Deutschland steht, dass die Würde des Menschen unantastbar ist." *(→ Wissen)* | „Moses hat die Tafel der zehn Gebote am Berg Sinai von Gott erhalten." *(→ Glauben)* |
| Ein Unfallzeuge: „Er hatte bestimmt 100 km/h drauf." *(→ Meinen)* | „Deutschland ist ein Land im Herzen Europas". *(→ Wissen)* | „Mohammed ist der Prophet und Gesandte Gottes." *(→ Glauben)* |
| „Der Erste Weltkrieg dauerte von 1914 bis 1918." *(→ Wissen)* | „Der Mensch benötigt eine Million Euro, um glücklich zu werden." *(→ Meinen)* | „Der Eiffelturm ist ein 330 Meter hoher Fachwerkturm in Paris." *(→ Wissen)* |
| „Frauen sollen auch die Möglichkeit haben, in eine Führungsposition zu kommen." *(→ Meinen)* | „Angela Merkel war von 2000 bis 2018 Bundesvorsitzende der CDU." *(→ Wissen)* | „Spanien ist schöner als Deutschland." *(→ Meinen)* |
| „Gott hat die Welt geschaffen." *(→ Glauben)* | „In Spanien ist es wärmer als in Deutschland." *(→ Wissen)* | „Die Gottesfürchtigen kommen ins Paradies." *(→ Glauben)* |
| „Die deutsche Fußballmannschaft wird wieder Weltmeister." *(→ Meinen)* | „Deutschland hatte im Jahr 2020 die meisten Einwohnerinnen und Einwohner Europas." *(→ Wissen)* | „Berlin ist die Hauptstadt der Bundesrepublik Deutschland." *(→ Wissen)* |
| Glauben | Meinen | Wissen |
| Glauben | Meinen | Wissen |
| Glauben | Meinen | Wissen |

# Logische Schlussfolgerung



| | | | |
|---|---|---|---|
| **Spielart:** | Entscheidungsspiel | **Dauer:** | circa 20 Minuten |
| **Thema:** | logisches Denken/Syllogismus | **Sozialform:** | Gruppenarbeit |
| **Ziel:** | logische Schlüsse ziehen | **Material:** | je 4er-Gruppe einmal die Aussagekarten (Vorlage S. 100) |
| **Klassenstufe:** | 8–13 | | |

## Beschreibung

In diesem Spiel geht es darum, logische Schlüsse zu ziehen. Vier Personen bilden dabei eine Gruppe – bereiten Sie den Klassenraum so vor, dass eine Gruppe an einem 4er-Tisch sitzen kann.
Kopieren Sie für jede Gruppe einmal die Aussagekarten und schneiden Sie sie zu. Laminieren Sie die Karten, falls dies möglich ist, damit diese länger halten.
In den Gruppen spielen die Schüler*innen jeweils in 2er-Teams gegeneinander. Die Schüler*innen setzen sich so hin, dass eine Person aus jedem Team in eine gezogene Karte schauen kann. Die Aussagekarten liegen gestapelt auf dem Tisch. Die jüngste Person in der Gruppe zieht eine Karte und liest die Prämissen, also die Annahmen vor. Ihr Teammitglied zieht eine logische Schlussfolgerung und nennt die Konklusion. Die korrekte Schlussfolgerung steht auf den Karten, damit die vorlesende Person die korrekten Antworten hat. Das Team erhält für die richtige Lösung zwei Punkte. Dann ist das andere Team dran und nimmt eine neue Aussagekarte.

## Hinweis

Bei diesem Spiel geht es um Prämissen, also um Voraussetzungen oder Annahmen. Und es geht um die Konklusion, also die Schlussfolgerung. In höheren Klassen kann das logische Quadrat vorgestellt und besprochen werden. Bitte thematisieren Sie, dass sich auch bei absurden Aussagen eine logische Schlussfolgerung ziehen lässt.

## Variante

Um den Schwierigkeitsgrad zu senken, können zwei Antwortmöglichkeiten, also Schlussfolgerungen vorgegeben werden. Das Spiel kann auch auf Zeit gespielt werden. Wenn das Team die richtige Antwort in dem vorgegebenen Zeitrahmen (etwa in einer Minute) nennt, bekommt es einen Zusatzpunkt.

## Reflexion

→ Was an dieser Aufgabe war für dich kompliziert und schwierig?
→ Was ist eine Prämisse und was ist eine Konklusion? Wie erklärst du die beiden Begriffe?

# Logische Schlussfolgerung

Kopiervorlage: Aussagekarten

| | |
|---|---|
| Einige Jungen sind Fahrradfahrer.<br>Alle Fahrradfahrer sind geschickt.<br>*Also: Einige Jungen sind geschickt. (logisch)* | Alle Menschen sind schlau.<br>Sokrates ist ein Mensch.<br>*Also: Sokrates ist schlau. (logisch)* |
| Alle Griechen sind sterblich.<br>Platon ist ein Grieche.<br>*Also: Platon ist sterblich. (logisch)* | Alle Eltern lieben ihre Kinder.<br>Alle Kinder lieben Schokolade.<br>*Also: keine Schlussfolgerung (logisch)* |
| Einige Schüler sind Sciencefiction-Fans.<br>Einige Schüler sind Techno-Fans.<br>*Also: Einige Schüler sind Fans. (logisch)* | Alle orangenen Getränke schmecken gut.<br>Alle Getränke, die gut schmecken, sind sprudelhaltig.<br>*Also: Alle orangenen Getränke sind sprudelhaltig. (logisch)* |
| Alle Kinder sind Menschen.<br>Einige Menschen sind lieb.<br>*Also: Einige Kinder sind lieb. (logisch)* | Helles Fleisch ist gut verdaulich.<br>Geflügelfleisch ist helles Fleisch.<br>*Also: Geflügelfleisch ist gut verdaulich. (logisch)* |
| Alle Tiere sind Lebewesen.<br>Alle Lebewesen sind Geschöpfe Gottes.<br>*Also: Alle Tiere sind Geschöpfe Gottes. (logisch)* | Alle Roboter sind keine Lebewesen.<br>Alle Frauen sind Lebewesen.<br>*Also: Alle Frauen sind keine Roboter. (logisch)* |
| Alle A sind B.<br>Alle B sind C.<br>*Also: Alle A sind C. (logisch)* | Alle Logiker sind Menschen.<br>Alle Menschen sind schlafbedürftig.<br>*Also: Alle Logiker sind schlafbedürftig. (logisch)* |
| Einige Tiere sind Säugetiere.<br>Einige Säugetiere sind Meeresbewohner.<br>*Also: Einige Tiere sind Meeresbewohner. (logisch)* | Alle Hunde haben Flöhe.<br>Alle Flöhe sind blau.<br>*Also: Alle Hunde haben blaue Flöhe. (logisch)* |
| Kein Rechteck ist ein Kreis.<br>Alle Quadrate sind Rechtecke.<br>*Also: Kein Quadrat ist ein Kreis. (logisch)* | C steht jedem B zu.<br>B steht jedem A zu.<br>*Also: C steht jedem A zu. (logisch)* |
| Alle runden Kekse schmecken gut.<br>Alle Kekse, die gut schmecken, sind verziert.<br>*Also: Alle runden Kekse sind verziert. (logisch)* | Alle Lehrer sind streng.<br>Einige Schüler sind nicht streng.<br>*Also: keine Schlussfolgerung (logisch)* |

# Sudokus

Lehrerhinweise

**Spielart:** Logikrätsel
**Thema:** logische Schlussfolgerung
**Ziel:** Zahlenkombination finden und logisches Denken fördern
**Klassenstufe:** 8–13

**Dauer:** circa 10–15 Minuten (je Sudoku)
**Sozialform:** Einzelarbeit und Partnerarbeit
**Material:** je Schüler*in ein Arbeitsblatt Sudokus für Beginnende, Fortgeschrittene und Profis (Vorlage ab S. 102)

## Beschreibung

Bereiten Sie für jede*n Schüler*in ein Arbeitsblatt vor. Die Grundfläche eines Sudokus besteht aus neun mal neun Feldern. Es gibt verschiedene Schwierigkeitsgrade mit zwei bis fünf vorgegebenen Zahlen. Je mehr Zahlen vorgegeben sind, desto einfacher ist das Sudoku zu lösen.
Die leeren Felder sollten mit den Zahlen 1 bis 9 so ausgefüllt werden, dass jede Zahl in der horizontalen und vertikalen Reihe nur einmal vorkommt.
Sudokus trainieren logisches Denkvermögen und auch Kopfrechnen. Anschließend können die Spieler*innen sich in Partnerarbeit ihre Ergebnisse gegenseitig vorstellen, vergleichen und darüber reden, welche Strategien sie gewählt haben.

## Hinweis

Die Schüler*innen sollen Strategien anwenden und einzelne Blöcke im Rätsel betrachten. Es gibt Sudokus der Stufe „leicht" „mittel" und „schwer".

## Reflexion

- → Haben du und dein*e Partner*in das gleiche Ergebnis?
- → Wie bist du beim Lösen des Sudokus vorgegangen?
- → Welche Lösungsstrategien haben dich zur Lösung geführt?

# Sudokus 1/3

Kopiervorlage: Sudoku für Beginnende

| | | | | | | | | |
|---|---|---|---|---|---|---|---|---|
| 9 | 6 | | | 2 | | | 5 | |
| 5 | | 1 | | 8 | | 3 | 9 | |
| | | 7 | | 1 | | | | 2 |
| 3 | | | 8 | 9 | 2 | 5 | | 1 |
| | | | 1 | | 4 | | | |
| 1 | | 9 | 7 | 6 | 3 | | | 4 |
| 4 | | | | 7 | | 6 | | |
| | 1 | 5 | | 3 | | 7 | | 9 |
| | 8 | | | 4 | | | 1 | 5 |

# Sudokus 2/3

Kopiervorlage: Sudoku für Fortgeschrittene

| | | | | | | | | |
|---|---|---|---|---|---|---|---|---|
| | 8 | | | | | | | 7 |
| | | | | 2 | | 6 | 5 | |
| 6 | | 1 | | 8 | | | 3 | |
| | | 2 | 6 | 7 | | 3 | | |
| | | | 5 | | 9 | | | |
| | | 9 | | 1 | 2 | 4 | | |
| | 1 | | | 9 | | 5 | | 3 |
| | 9 | 5 | | 4 | | | | |
| 4 | | | | | | | 7 | |

# Sudokus 3/3

Kopiervorlage: Sudoku für Profis

| | | | | | | | | |
|---|---|---|---|---|---|---|---|---|
| | | | 8 | 3 | 2 | | 9 | |
| | | | | | 5 | 7 | | 6 |
| 1 | | | 6 | | | | | |
| 3 | | | | | | | | |
| 6 | 7 | 4 | | | | 8 | 5 | 1 |
| | | | | | | | | 7 |
| | | | | | 1 | | | 5 |
| 9 | | 2 | 5 | | | | | |
| | 3 | | 2 | 7 | 6 | | | |

# Sudokus

Lösung: Sudokus für Beginnende, Fortgeschrittene und Profis

Beginnende

| | | | | | | | | |
|---|---|---|---|---|---|---|---|---|
| 9 | 6 | 4 | 3 | 2 | 7 | 1 | 5 | 8 |
| 5 | 2 | 1 | 4 | 8 | 6 | 3 | 9 | 7 |
| 8 | 3 | 7 | 9 | 1 | 5 | 4 | 6 | 2 |
| 3 | 4 | 6 | 8 | 9 | 2 | 5 | 7 | 1 |
| 2 | 7 | 8 | 1 | 5 | 4 | 9 | 3 | 6 |
| 1 | 5 | 9 | 7 | 6 | 3 | 8 | 2 | 4 |
| 4 | 9 | 2 | 5 | 7 | 1 | 6 | 8 | 3 |
| 6 | 1 | 5 | 2 | 3 | 8 | 7 | 4 | 9 |
| 7 | 8 | 3 | 6 | 4 | 9 | 2 | 1 | 5 |

Fortgeschrittene

| | | | | | | | | |
|---|---|---|---|---|---|---|---|---|
| 5 | 8 | 4 | 9 | 6 | 3 | 1 | 2 | 7 |
| 9 | 3 | 7 | 4 | 2 | 1 | 6 | 5 | 8 |
| 6 | 2 | 1 | 7 | 8 | 5 | 9 | 3 | 4 |
| 8 | 5 | 2 | 6 | 7 | 4 | 3 | 9 | 1 |
| 1 | 4 | 6 | 5 | 3 | 9 | 7 | 8 | 2 |
| 3 | 7 | 9 | 8 | 1 | 2 | 4 | 6 | 5 |
| 7 | 1 | 8 | 2 | 9 | 6 | 5 | 4 | 3 |
| 2 | 9 | 5 | 3 | 4 | 7 | 8 | 1 | 6 |
| 4 | 6 | 3 | 1 | 5 | 8 | 2 | 7 | 9 |

Profis

| | | | | | | | | |
|---|---|---|---|---|---|---|---|---|
| 7 | 5 | 6 | 8 | 3 | 2 | 1 | 9 | 4 |
| 2 | 9 | 3 | 4 | 1 | 5 | 7 | 8 | 6 |
| 1 | 4 | 8 | 6 | 9 | 7 | 5 | 2 | 3 |
| 3 | 8 | 1 | 7 | 5 | 4 | 9 | 6 | 2 |
| 6 | 7 | 4 | 3 | 2 | 9 | 8 | 5 | 1 |
| 5 | 2 | 9 | 1 | 6 | 8 | 3 | 4 | 7 |
| 4 | 6 | 7 | 9 | 8 | 1 | 2 | 3 | 5 |
| 9 | 1 | 2 | 5 | 4 | 3 | 6 | 7 | 8 |
| 8 | 3 | 5 | 2 | 7 | 6 | 4 | 1 | 9 |

# Stille Post – Wie verändert sich eine weitergegebene Information?

Lehrerhinweise

**Spielart:** Kommunikationsspiel

**Thema:** Entstehung von Gerüchten oder Missverständnissen

**Ziel:** erklären können, wie Verfälschungen von Nachrichten zustande kommen

**Klassenstufe:** 8–13

**Dauer:** circa 10–20 Minuten (mehrere Durchgänge denkbar)

**Sozialform:** alle zusammen

**Material:** –

## Beschreibung

Die Stühle müssen so angeordnet sein, dass die Schüler*innen hintereinandersitzen können. Dabei dürfen sich die Beteiligten nicht zu den hinteren Mitspielenden drehen. In diesem Spiel geht es darum, dass die Schüler*innen pantomimisch etwas vormachen und diese Bewegung ohne Worte weitergeben.
Die hinterste Person beginnt und tippt ihre voraussitzende Person an. Wenn sich diese umdreht, spielt die hinterste Person mit ein paar Bewegungen eine kurze ausgedachte Szene oder Sie geben etwas vor, z. B. einen sich im Wind wiegenden Baum, der umfällt und von dem ein Vogel wegfliegt. Diese Bewegung wird von den Teilnehmenden bis zur ersten Person in der Reihe weitergeleitet. Die vorn sitzende Person zeigt anschließend ihre Bewegung der ganzen Gruppe. Die Bewegungen der Schüler*innen werden nun miteinander verglichen.
In den meisten Fällen hat sich die weitergegebene Bewegung verändert. Um die Fehlerquelle nennen zu können, übernehmen zwei Personen die Rolle der Beobachter*innen.

## Variante

Dieses Spiel kann auch mit Worten oder Sätzen gespielt werden, die flüsternd weitergegeben werden. Ebenfalls können Sie das Spiel als Wettbewerb gestalten. Dazu bilden die Schüler*innen zwei Teams. Beide Teams sitzen wieder hintereinander. Die jeweils hinten sitzende Person zeichnet ein vorgegebenes Symbol auf den Rücken der davorsitzenden Person. Sie geben das Symbol dabei auf einer Karte vor. Sonne, Wolke, Wellen, Brille usw. sind mögliche Symbole. Das Symbol wandert von Rücken zu Rücken weiter. Wer ganz vorn sitzt, malt das Symbol, das auf seinem Rücken angekommen ist, an die Tafelrückseite. Dann wird die Tafel aufgeklappt und die Symbole werden verglichen.

## Reflexion

- Woran liegt es deiner Meinung nach, dass die vorgegebene Bewegung sich bis zur letzten Person verändert hat?
- Wo kommt „Stille Post“ in deinem Alltag vor?
- Was kannst du aus dem Spiel lernen?

# Hörspiel produzieren

Lehrerhinweise

**Spielart:** Produktion eines Hörspiels

**Thema:** Was tun die Medien?

**Ziel:** ein Hörspiel schreiben und selbst aufnehmen

**Klassenstufe:** 7–13

**Dauer:** mehrere Stunden

**Sozialform:** Gruppenarbeit

**Material:** Aufnahmegerät, je Schüler*in ein Skript für die Hörspielproduktion (Vorlage S. 108)

## Beschreibung

Bereiten Sie für jede*n Schüler*in eine Kopie des Skripts für die Hörspielproduktion vor. Dieses Projekt ist umfangreicher im Zeitbedarf. Die Gruppengröße ist variabel, vier bis sechs Beteiligte sind empfehlenswert. Erlauben Sie den Gruppen, in einem anderen Raum oder auf dem Schulhof zu arbeiten. Das Aufnahmegerät können sich die Gruppen teilen. Es können auch Smartphones genutzt werden.
Zunächst schreiben die Schüler*innen in ihren Arbeitsgruppen ein Skript mit einer Handlung zum Thema Medien, z. B.: „Paul berichtet über seinen Medienkonsum und diskutiert mit seiner Mutter über sein Nutzungsverhalten". Im Laufe des Projekts kann sich das Skript ändern. Ein fächerübergreifender Unterricht und eine Kooperation mit den Musikfachkräften ist denkbar. Alternativ können natürlich auch andere Themen oder alltagsbezogene Fragestellungen gewählt werden.
Es ist zu beachten, dass für ein Hörspiel viel vorbereitet werden muss. Neben dem Schreiben von Dialogen kommt eventuell auch noch das Sammeln und Aufnehmen von Geräuschen hinzu, die in dem Hörspiel vorkommen sollen. Anschließend müssen die verschiedenen Mitschnitte von Stimmen und Geräuschen mit einer App zusammengefügt und geschnitten werden. Die Klasse kann sich die Hörspiele der einzelnen Gruppen anhören.

## Reflexion

→ Mit welchen Medien hast du im Alltag zu tun?
→ Welche Medien sind für dich besonders wichtig? Und welche für die Gesellschaft?
→ Wo liegt der Unterschied zwischen einem Hörspiel und einem Buch?
→ Welche Regeln zum Medienkonsum würdest du gerne formulieren?
→ Was machst du in der Freizeit, wenn dir kein Medium zur Verfügung steht?

# Hörspiel produzieren

Kopiervorlage: Skript für die Hörspielproduktion

Hörspiel ................................................................ von ........................................

| Sprecherin/Sprecher | Sprechtext | Geräusche |
|---|---|---|
| (Name) | (Beispiel: So fing es an ...) | (Beispiel: Quietschen/Tür geht auf) |
| | | |
| | | |
| | | |
| | | |
| | | |
| | | |
| | | |
| | | |

**Tipps:**
Ihr könnt eure Stimmen verändern: etwas betonen, deutlich sprechen, lauter oder leiser den Text vortragen.

Es gibt diverse Apps, um das Material zusammenzuschneiden.

**Mögliche Geräusche:**
Fußgetrappel, Telefonklingeln, Kuss, Handklatsch, Türknall, Gong, Trinkgeräusch, Schnarchen, Schmatzen, Handyton, am Fenster klopfen, Gespenster, Türquietschen usw.

# Fishbowl-Diskussion 1/2

Lehrerhinweise

**Spielart:** Planspiel

**Thema:** differenzierte Auseinandersetzung mit dem Massenmedium Internet

**Ziel:** eine Diskussion durchführen und sich in verschiedene Perspektiven hineinversetzen

**Klassenstufe:** 7–13

**Dauer:** mehrere Stunden

**Sozialform:** Gruppenarbeit

**Material:** die Rollenkarten für die Fishbowl-Diskussion (Vorlage ab S. 111), je Schüler*in Karteikarten und Stift für Notizen

## Beschreibung

Kopieren Sie in der Vorbereitung die Rollenkarten, die Sie ab Seite 111 finden. Schneiden Sie die Karten zu und laminieren Sie sie, falls das möglich ist, so halten diese länger.

Bei diesem Spiel werden neun Stühle in einem Kreis aufgestellt – tatsächlich hat die Methode ihren Namen nach der Sitzordnung der Teilnehmenden. Acht Schüler*innen erhalten je eine Rollenkarte und nehmen in dem Kreis Platz. Diese Personen sind die Fishbowl-Diskutant*innen, sie bereiten sich auf das Planspiel vor, indem sie den Text zu ihrer Rolle lesen und sich mit diesem auseinandersetzen. Die anderen Schüler*innen sitzen in einem größeren Stuhlkreis dahinter.

Die Fishbowl-Diskutant*innen können die Schüler*innen der zweiten Reihe in ihre Vorbereitung einbeziehen. Sie können sich in Partnerarbeit auf einer Karteikarte Notizen zu ihrer Rolle machen und Argumente für die spätere Diskussionsrunde sammeln. Sie können auch noch mit anderen – zu zweit oder viert – Argumente austauschen und ergänzen, bevor die ausgewählten Personen in die Diskussionsrunde gehen.

Anschließend führen die acht Schüler*innen eine Fishbowl-Diskussion, indem sie sich in die vorgegebene Rolle hineinversetzen und konstruktiv aus der Sicht Kritik zur Internetnutzung äußern. Die Teilnehmenden im Innenkreis benennen die Vor- und Nachteile des Internets mit starken Argumenten.

# Fishbowl-Diskussion 2/2

Lehrerhinweise

Zwei Moderator*innen leiten die Diskussion, auch für sie gibt es Rollenkarten. Und auch für sie gilt, dass sie sich ebenfalls im Vorfeld mithilfe der Rollenkarte vorbereiten und von anderen Schüler*innen dabei unterstützt werden können.

**Wichtig:** Alle Diskutant*innen werden in der Runde von einer zuschauenden Person aus dem Außenkreis beobachtet, sodass alle am Ende von den Beobachter*innen eine Rückmeldung zum Argumentationsverhalten bekommen. Die Beobachter*innen machen sich während der Diskussion Notizen auf Karteikarten.

Im Innenkreis befindet sich auch ein freier Stuhl, der sogenannte „Gast-Stuhl" für die Personen im Außenkreis, die mitdiskutieren wollen. Sie können darauf Platz nehmen, ihre Argumente und Gedanken vorbringen und den Platz für eine neue Person verlassen.

Am Ende kann im Plenum gemeinsam überlegt werden, welche Regeln zum Internet- und Medienkonsum sich ableiten lassen. Diese Regeln werden an der Tafel und/oder in den Heften festgehalten.

## Variante

Als Rahmen für die Diskussion könnte auch eine Talkshow oder Podiumsdiskussion überlegt werden, bei der Schüler*innen bestimmte Rollen zugewiesen bekommen. Hierbei können die Schüler*innen ihre eigene Sichtweise darstellen und vertreten.

## Reflexion

→ Wie ist die Diskussion ausgegangen?
→ Wer hat stark mitargumentiert und dich überzeugt?
→ Was war für dich das stärkste Argument für die positiven Aspekte des Internets?
→ Was war für dich das stärkste Argument für die negativen Aspekte des Internets?
→ Was nimmst du mit aus der Diskussion? Wirst du deinen Umgang mit dem Internet in Zukunft ändern?

# Fishbowl-Diskussion

Kopiervorlage 1/4: Rollenkarten für die Fishbowl-Diskussion

## Rollenkarte

Du bist Ben Schumann, Personalchef eines Unternehmens. Du diskutierst mit zu dem Thema „Immer online! Normal und vorteilhaft oder gefährlich und schon onlinesüchtig?". Du bist überzeugt davon, dass immer mehr Bürgerinnen und Bürger in der medialen Gesellschaft zu sorglos im Internet surfen.

Du bist der Meinung, dass Jugendliche und Erwachsene ihr Leben auf Internet-Plattformen ausbreiten. Außerdem findest du es problematisch, dass das Internet nichts vergisst und die Gefahr groß ist, dass Daten missbraucht werden.
Wer im Job trotz eines Verbotes privat das Internet nutzt, riskiert seinen Arbeitsplatz und du duldest das als Personalchef nicht.

→ Setze dich in der Diskussion gegen das Massenmedium Internet ein. Stelle die Nachteile und Gefahren des Internets dar.

## Rollenkarte

Du bist Anna Kaufmann, Lehrerin und Mutter. Du diskutierst mit bei dem Thema „Immer online! Normal und vorteilhaft oder gefährlich und schon onlinesüchtig?".
Du machst dir Sorgen um die Internetnutzung deiner Kinder und Schülerinnen und Schüler.

Du bist der Meinung, dass Eltern die Internetnutzung ihrer Kinder eingrenzen sollten. Schülerinnen und Schüler sollten sich mehr auf ihre Umwelt und den direkten Kontakt mit anderen einlassen. Du merkst, wie deine Schülerschaft immer häufiger Schwierigkeiten hat, ganze und richtige Sätze zu bilden. Außerdem müssen oft die Eltern dafür aufkommen, wenn zu viel Datenvolumen für das Internet verbraucht wird.

Für dich gehen viele Schülerinnen und Schüler relativ unvorsichtig mit den eigenen Daten um.

→ Setze dich in der Diskussion gegen das Massenmedium Internet ein. Stelle die Nachteile und Gefahren des Internets dar.

# Fishbowl-Diskussion

Kopiervorlage 2/4: Rollenkarten für die Fishbowl-Diskussion

## Rollenkarte

Du bist Jens Schröder, Vater und Arbeitnehmer. Du diskutierst mit bei dem Thema „Immer online! Normal und vorteilhaft oder gefährlich und schon onlinesüchtig?". Für dich ist das Internet ein Platz voller Möglichkeiten, insbesondere für Kinder. Du bist der Meinung, dass man die vielfältigen Möglichkeiten des Internets klug nutzen kann, vor allem auch für das Lernen und die persönliche Entwicklung.
Außerdem findest du, dass man im Netz gezielt Informationen suchen kann. Deiner Meinung nach schreiben Jugendliche ungern, aber durch soziale Netzwerke und Chatrooms entwickeln sie Spaß am Schreiben und Lesen.

→ Setze dich in der Diskussion für die Vorteile des Internets ein: Stelle die positiven Aspekte und Chancen dar.



## Rollenkarte

Du bist Frau Doris Engel. Du bist Mutter zweier Kinder und diskutierst mit bei dem Thema „Immer online! Normal und vorteilhaft oder gefährlich und schon onlinesüchtig?".
Du findest das Massenmedium Internet vorteilhaft und sinnvoll.
Außerdem siehst du als sorgende Mutter zahlreiche Vorteile des Internets.
Du benutzt das Internet täglich und hast deshalb Dinge schneller erledigt.
Dadurch hast du mehr Zeit für deine Kinder.

→ Setze dich in der Diskussion für die Vorteile des Internets ein. Stelle die positiven Aspekte und Chancen dar.

# Fishbowl-Diskussion

Kopiervorlage 3/4: Rollenkarten für die Fishbowl-Diskussion

## Rollenkarte

Du bist Leon Becker, ein Auszubildender. Du bist 20 Jahre und diskutierst mit bei dem Thema „Immer online! Normal und vorteilhaft oder gefährlich und schon onlinesüchtig?".

Du siehst sowohl Chancen als auch Gefahren des Internets.
Du nutzt das Internet sehr aktiv für deine sozialen Netzwerke. Insbesondere ist Instagram dein bevorzugtes Kommunikationsmittel, gefolgt von WhatsApp und Facebook.
Auch in der Ausbildung erfolgt der Austausch über Lerninhalte über diese Apps.

→ Setze dich in der Diskussion für die Vor- und Nachteile des Internets ein!
Stelle eine neutrale Position dar.

## Rollenkarte

Du bist Laura Lohmann, Schülerin eines Gymnasiums in Solingen. Du besuchst die 8. Klasse und diskutierst mit bei dem Thema „Immer online! Normal und vorteilhaft oder gefährlich und schon onlinesüchtig?".
Du bist Opfer eines Internetmissbrauchs. Deine Klassenkameradinnen und Klassenkameraden haben dich über das Internet beleidigt und bedroht.

Du hast dich getraut, mit deinen Eltern über das Cybermobbing zu sprechen, und hast auch deiner Vertrauenslehrerin davon erzählt. Es hat ein Beratungsgespräch stattgefunden und zum Glück konnte in der Schule alles geklärt werden. Du wirst von den anderen nicht mehr belästigt. Du hast aber nicht nur mit deiner Klasse negative Erfahrungen mit sozialen Netzwerken gemacht. Außerdem hat ein Kinderschänder sich mit falschen Namen im Netz angemeldet und wollte sich mit dir treffen. Du hast ihn sofort gemeldet, blockiert und gelöscht.

→ Stelle die negativen Aspekte und Risiken des Internets dar.

# Fishbowl-Diskussion

Kopiervorlage 4/4: Rollenkarten für die Fishbowl-Diskussion

## Rollenkarte

Du bist Michael Müller und Leiter der Diskussion um die Internetnutzung „Immer online! Normal und vorteilhaft oder gefährlich und schon onlinesüchtig?".

Du bist unparteiisch, das heißt, du bist weder pro noch kontra Massenmedium Internet und stehst dem Thema daher neutral gegenüber.
Zusammen mit deiner Co-Moderatorin Rabia Engec hast du folgende Aufgaben:

- → Du begrüßt die Diskussionsteilnehmenden und das Publikum vor Ort.
- → Du führst in das Thema ein und eröffnest die erste Runde, bei der sich die eingeladenen Gäste mit Namen, Beruf und ihrem Standpunkt vorstellen.
- → Du gibst die Diskussion nach der Vorstellungsrunde frei und alle können nun einen Beitrag zum Thema abgeben.
- → Sollte die Diskussion zu hitzig werden, musst du die Teilnehmenden an die Gesprächsregeln erinnern und beschwichtigend auf sie einwirken.
- → Sollte die Diskussion ins Stocken geraten, motivierst du die Teilnehmenden durch direktes Ansprechen, Nachfragen oder mit Provokationen zum Reden.

## Rollenkarte

Du bist Rabia Engec und Leiterin der Diskussion rund um die Internetnutzung „Immer online! Normal und vorteilhaft oder gefährlich und schon onlinesüchtig?".

Du bist unparteiisch, das heißt, du bist weder pro noch kontra Massenmedium Internet und stehst dem Thema daher neutral gegenüber.
Zusammen mit deinem Co-Moderator Michael Müller hast du folgende Aufgaben:

- → Du begrüßt die Diskussionsteilnehmenden und das Publikum vor Ort.
- → Du führst in das Thema ein und eröffnest die erste Runde, bei der sich die eingeladenen Gäste mit Namen, Beruf und ihrem Standpunkt vorstellen.
- → Du gibst die Diskussion nach der Vorstellungsrunde frei und alle können nun einen Beitrag zum Thema abgeben.
- → Sollte die Diskussion zu hitzig werden, musst du die Teilnehmenden an die Gesprächsregeln erinnern und beschwichtigend auf sie einwirken.
- → Sollte die Diskussion ins Stocken geraten, motivierst du die Teilnehmenden durch direktes Ansprechen, Nachfragen oder mit Provokationen zum Reden.

# Höhlengleichnis – Schatten, Feuer und Licht 1/2

Lehrerhinweise

**Spielart:** Nachdenkspiel/Ratespiel

**Thema:** Erkenntnistheorie (subjektive Wahrheit vs. Realität)

**Ziel:** den Unterschied zwischen subjektiver Wahrheit und Realität wahrnehmen

**Klassenstufe:** 8–13

**Dauer:** circa 30 Minuten

**Sozialform:** alle zusammen

**Material:** Overheadprojektor, verschiedene Gegenstände (Anspitzer, Stift, Tasse usw.)

## Beschreibung

Stellen Sie den Overheadprojektor so, dass seine Arbeitsfläche – also die Fläche, auf die die Folien kommen – für die Schüler*innen nicht einsehbar ist. Statt Folien präsentieren Sie mithilfe des Projektors nun aber Gegenstände. Die Schüler*innen sollen erraten, um was für Gegenstände es sich handelt.
Nutzen können Sie beispielsweise Anspitzer, Radiergummi, Stift, Tasse, Zirkel, Reagenzglas usw. Legen Sie die Dinge nacheinander auf die transparente Fläche und erzeugen Sie Schattenbilder und Umrisse der Gegenstände an der Wand, um die Idee des Höhlengleichnisses nachzustellen.

Die Schüler*innen berichten, welches Schattenbild (subjektive Wahrheit) sie an der Wand sehen, und geben eine Vermutung ab, um welchen Gegenstand (Realität) es sich auf dem Overheadprojektor handeln könnte. Somit wird der Bezug zu den Schattenbildern und den Gefangenen im Höhlengleichnis hergestellt.
Die Schattenbilder und Umrisse der Gegenstände erzeugen bei den Beobachter*innen veränderte Sinneswahrnehmungen wie bei den Gefangenen in Platons Höhlengleichnis. Urbild, die Ideen, das Unwirkliche und Abbild und die wahre Wirklichkeit können miteinander verglichen werden. Struktur und Farbe spielen im Abbild an der Wand keine Rolle. Ein Beispiel: Ein Stuhl wird immer als Stuhl erkannt, egal aus welchem Material er ist, ob er eine Lehne hat oder nicht. Es spielt auch keine Rolle, wie hoch oder niedrig er ist.

# Höhlengleichnis – Schatten, Feuer und Licht 2/2

Lehrerhinweise

## Hinweis

Die Schüler*innen sollen diese Übung entweder lediglich zur Einführung oder zur Vertiefung kennenlernen. Eine tiefgründige Auseinandersetzung mit einem Text zu Platons Höhlengleichnis ist unumgänglich. Lassen Sie die Klasse anschließend ein passendes Bild zum Höhlengleichnis und zur Veranschaulichung der Höhleninsassen malen.

## Variante

Die Schüler*innen können in 3er-Gruppen mithilfe einer Lichtquelle die Schatten verschiedener Gegenstände an eine Wand projizieren. Eine Person sitzt auf einem Stuhl vor dieser Wand und versucht, zu erraten, um welchen abgebildeten Gegenstand es sich handelt. Eine Person hält eine Lichtquelle hinter der sitzenden Person und die dritte Person hält den zu erratenden Gegenstand vor die Lichtquelle. Wer einen Gegenstand richtig erkennt, bekommt einen Punkt. Wer die meisten Punkte hat, gewinnt das Spiel.

## Reflexion

- → Was nimmst du als Schattenbilder wahr? (Hier kann subjektive Wahrheit vs. Realität thematisiert werden.)
- → Um welche Gegenstände könnte es sich auf dem Overheadprojektor deiner Meinung nach handeln?
- → Was passiert, wenn ein Gegenstand andersherum auf den Overheadprojektor gelegt wird?
- → Gleichen die Menschen in der fiktiven unterirdischen Höhle Platons jenen Menschen, die vor ihren Smartphones sitzen? Wo siehst du Gemeinsamkeiten und Unterschiede?

# Das Auge spielt Streiche

Lehrerhinweise

**Spielart:** Nachdenkspiel

**Thema:** optische Täuschung

**Ziel:** optische Täuschung erkennen und Unterschiede wahrnehmen

**Klassenstufe:** 8–13

**Dauer:** 30 Minuten

**Sozialform:** Gruppenarbeit

**Material:** je 3er-Gruppe einmal die Spielkarten und die Lösungen (Vorlage ab S. 118)

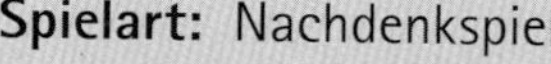

## Beschreibung

Es rücken immer drei Schüler*innen zueinander an einen Tisch und spielen miteinander. Eine Person leitet das Spiel und erhält die Spielkarten und die Lösungen zur Kontrolle. Die Spielkarten werden verdeckt auf den Tisch gelegt und von der Spielleitung nacheinander aufgedeckt. Die zwei weiteren Spieler*innen spielen gegeneinander und beantworten die Fragen auf den Karten, die aufgedeckt werden. Wenn eine Person die optische Täuschung auflösen möchte, muss sie schnell mit der Hand auf einen Gegenstand schlagen, der in der Mitte liegt (wie ein Gong oder Radiergummi). Wer die aufgedeckte Karte zuerst richtig beantwortet, bekommt einen Punkt. Gewinner*in ist die Person mit den meisten Punkten. Schnelligkeit und gutes Auge sind hier Trumpf!

## Hinweis

Optische Täuschungen können Aspekte des Sehens betreffen, wie Farbillusion, Tiefillusion, Bewegillusion, geometrische Illusionen und vieles mehr. Die optische Täuschung ist eine Täuschung der visuellen Wahrnehmung.

## Variante

Alternativ kann in jeder neuen Runde eine andere Person die Spielleitung übernehmen, die Spielkarten aufdecken und die Punkte vergeben. Die Schüler*innen können auch zu zweit gegeneinander spielen und schweigend nach jeder Runde ihre Antworten notieren. Am Ende schauen sie gemeinsam auf die Lösungen, werten sie aus und verteilen die Punkte.

## Reflexion

- → Welche optische Täuschung hast du erkannt?
- → Bei welchen Aufgaben hast du länger nachdenken müssen?
- → Wie kommen die optischen Täuschungen zustande? Woran liegt es deines Erachtens? (Die Antworten können in die Richtung gehen: Täuschung stimmt nicht mit der Realität überein. Unser Gehirn lässt sich in die Irre führen.)
- → Was meint „selektive Wahrnehmung"? (Hier kann thematisiert werden, dass bestimmte Aspekte bei der Wahrnehmung aufgenommen oder vom Gehirn selektiert werden.)

# Spielkarten: Das Auge spielt Streiche

Kopiervorlage 1/3

**Bild 1:** Sind die Bleistifte gleich groß?

© Noiel – Shutterstock.com

**Bild 2:** Was ist zu erkennen?

© Martin Janecek – Shutterstock.com

**Bild 3:** Was ist dort abgebildet, wo die Linien sich kreuzen?

© ZASIMOV YURII – Shutterstock.com

**Bild 4:** Welcher Mann ist der kleinste?

© Darq – Shutterstock.com

**Bild 5:** Verlaufen die Linien auf dem Bild gerade?

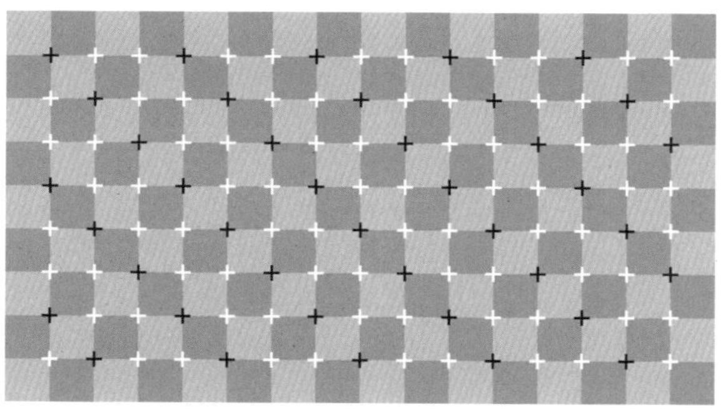

© vchal – Shutterstock.com

**Bild 6:** Welche Linie ist länger?

# Spielkarten: Das Auge spielt Streiche

Kopiervorlage 2/3

**Bild 7:** Verlaufen die langen Linien parallel?

© Sylverarts Vectors – Shutterstock.com

**Bild 8:** Wo ist der mittlere Kreis größer?

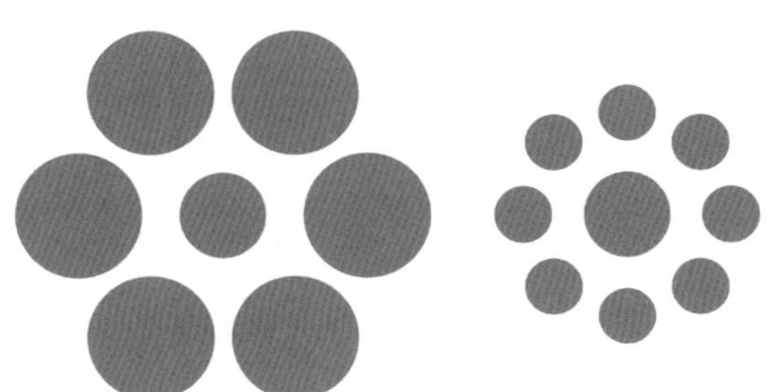

© Hampus design – Shutterstock.com

**Bild 9:** Wie oft dreht sich die Spirale?

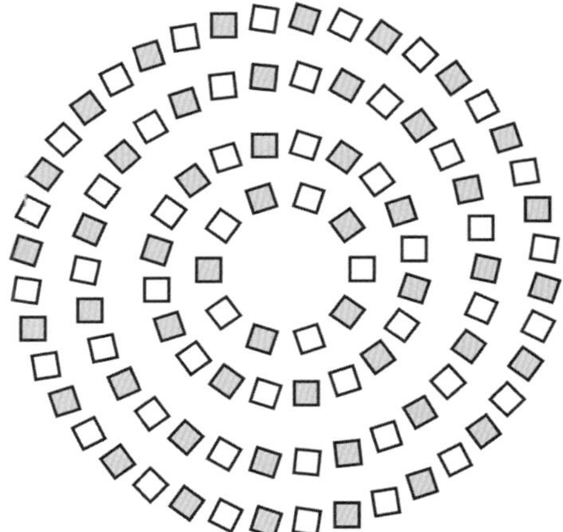

© Victor Belinsky – Shutterstock.com

**Bild 10:** Was siehst du?

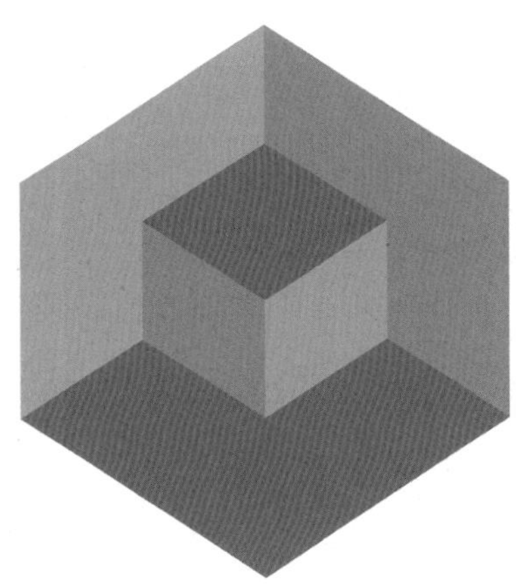

© Hampus design – Shutterstock.com

# Spielkarten: Das Auge spielt Streiche

Kopiervorlage 3/3: Lösungen

| Bild | Antwort |
|---|---|
| 1 | Ja, die Bleistifte sind gleich groß. |
| 2 | Auf der Abbildung sind zwei Gesichter zu erkennen.<br>Die Lücke zwischen den Gesichtern bildet einen Kelch. |
| 3 | Die Flächen sind weiß, wo sich die Linien kreuzen.<br>Wer graue Punkte sieht, wird optisch getäuscht. |
| 4 | Alle Männer haben eine Größe. |
| 5 | Die Linien verlaufen gerade. |
| 6 | Die Linien sind gleich lang. |
| 7 | Die Linien sind parallel. |
| 8 | Die Kreise sind exakt gleich groß. |
| 9 | Es handelt sich hier um keine Spirale, sondern um Kreise. |
| 10 | Man kann ein Quadrat in einem Raum erkennen oder ein Sechseck. |

# Schattenköpfe

Lehrerhinweise

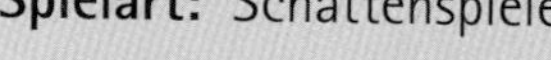

| | | | |
|---|---|---|---|
| **Spielart:** | Schattenspiele | **Dauer:** | 60 Minuten |
| **Thema:** | Licht und Kontraste beeinflussen die Wahrnehmung | **Sozialform:** | Gruppenarbeit |
| **Ziel:** | einen Schattenkopf zeichnen | **Material:** | je 3er-Gruppe eine Taschen- oder Handylampe, schwarzes Tonpapier in DIN A3, Klebeband, Schere, Stift |
| **Klassenstufe:** | 5–8 | | |

## Beschreibung

Die Schüler*innen finden sich in 3er-Gruppen zusammen. Person A sitzt auf einem Stuhl möglichst nah an der Wand. Das Profil dieser Person wird abgezeichnet. Die Taschen- oder Handylampe hält eines der beiden anderen Gruppenmitglieder – Person B – so von der Seite, dass ein Schatten des Profils an die Wand fällt. Dort befestigt Person C mit Klebestreifen das schwarze Tonpapier. Das Schattenbild von Person A muss gut darauf erkennbar sein. Anschließend zeichnet Person C den Umriss des Kopfes auf das Papier. Je nach Entfernung ist der Schatten größer oder kleiner – eventuell muss die Position der Lichtquelle noch korrigiert werden. Das aufgezeichnete Profil wird ausgeschnitten. Dann ist die nächste Person dran, um gezeichnet zu werden. Jede*r in der Gruppe übernimmt jede Rolle einmal.
Wenn alle dran waren, können die Schüler*innen die Umrisse abschließend aufhängen und es wird erraten, wem welcher Schattenkopf gehört.

## Hinweis

Die Schüler*innen zeichnen den Kopfumriss auf ein DIN-A3-Blankoblatt und erweitern ihn um Persönlichkeitsmerkmale, Hobbys, Werte, Interessen und Infos, die die Person ausmachen. Diese werden in den Kopfumriss hineingeschrieben. Diese Übung gelingt besser, wenn der Raum ein wenig dunkel ist und die Vorhänge zugezogen werden.

## Variante

Die Schüler*innen schneiden einen Handumriss aus und erweitern ihn (siehe „Steckbrief ‚Meine Hand'" Seite 9).

## Reflexion

- Wem gehören die Schattenköpfe? Wen erkennst du?
- Woran liegt es, dass die Schattenbilder den Gesichtern schwer zuzuordnen sind?
- Welche Information über Mitschüler*innen kanntest du bisher noch nicht?
- Kannst du einen Menschen nach seinem Schatten beurteilen?
- Gibt ein Schatten die Wahrheit wieder?

# Buchstabendschungel

Lehrerhinweise

**Spielart:** Schnipsel suchen

**Thema:** Weltreligionen (auch zu anderen Themen einsetzbar)

**Ziel:** Wiederholung und Festigung von Fachbegriffen

**Klassenstufe:** 5–8

**Dauer:** 20 Minuten

**Sozialform:** Partnerarbeit

**Material:** je 2er-Team einmal die Buchstabenschnipsel für den Buchstabendschungel (Vorlage S. 123) und ein Umschlag

## Beschreibung

Für dieses Spiel kopieren Sie pro Team einmal die Vorlage von Seite 123. Eine Lösung finden Sie im Anschluss. Schneiden Sie die Buchstaben sowie die darüberstehende Anleitung für die Schüler*innen aus. Legen Sie die Buchstaben für jedes Schülerteam in einen Umschlag. Für die Spieldurchführung setzen sich die Schüler*innen zu zweit zusammen und erhalten den Umschlag mit den Buchstabenschnipseln von Ihnen.
Die Schüler*innen sortieren die Buchstaben so, dass sie sinnvolle Begriffe aus dem Themenbereich Weltreligionen ergeben. Die Begriffe der aktuellen Themeneinheit werden horizontal oder vertikal gelegt, sodass sie wie beim Scrabble oder beim Kreuzworträtsel liegen.
Bei manchen Wörtern müssen Buchstaben gemeinsam genutzt werden. Wer ein Wort hinlegt, geht kurz darauf ein.
Das Team, das die zehn Wörter gefunden hat, ruft „Buchstabendschungel bezwungen!" und hat somit gewonnen. Abschließend können die Schüler*innen eine Tabelle zu den fünf Weltreligionen in ihr Heft zeichnen und darin weitere Besonderheiten der Religionen notieren, die sie kennen.

## Variante

Alternativ können Sie bei den Schnipseln auch Folie und Overheadprojektor nutzen. Dann können die Schüler*innen einzeln nach vorn kommen und beim Sortieren zudem von ihren Mitschüler*innen unterstützt werden. Es wäre auch möglich, auf die Begriffe und weitere Besonderheiten der Weltreligionen im Plenum einzugehen.

## Reflexion

→ Welche Begriffe waren für dich einfach zu finden?
→ Was haben die Begriffe mit dem aktuellen Unterrichtsthema zu tun? (Hier können Erklärung und Definitionen gegeben werden.)

# Buchstabendschungel

Kopiervorlage: Buchstabenschnipsel für den Buchstabendschungel

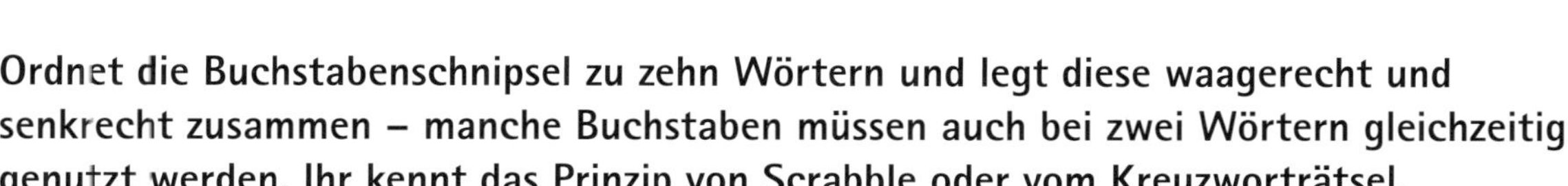

**Ordnet die Buchstabenschnipsel zu zehn Wörtern und legt diese waagerecht und senkrecht zusammen – manche Buchstaben müssen auch bei zwei Wörtern gleichzeitig genutzt werden. Ihr kennt das Prinzip von Scrabble oder vom Kreuzworträtsel.**

| K | I | D | O | A | R |
|---|---|---|---|---|---|
| I | S | I | U | M | U |
| E | A | T | T | N | B |
| D | N | A | D | M | U |
| C | I | R | B | S | U |
| S | M | S | K | S | U |
| T | J | T | E | S | T |
| H | D | N | T | G | U |
| L | H | R | F | E | M |
| I | T | N | H | A | E |

# Buchstabendschungel

Lösung: Buchstabenschnipsel für den Buchstabendschungel

| | | | | | | | F | | | | | |
|---|---|---|---|---|---|---|---|---|---|---|---|---|
| | | | K | A | R | M | A | | H | | | |
| | | | | | | | S | | I | | | |
| | | | | | | | T | | N | | | B |
| | | | | | | | E | | D | | | U |
| C | H | R | I | S | T | E | N | T | U | M | | D |
| | | | | | | | | | I | | | D |
| | | | | | B | | | | S | | | H |
| | | J | U | D | E | N | T | U | M | | | I |
| | | | | | T | | | | U | | | S |
| | | G | | | E | | | I | S | L | A | M |
| | K | O | R | A | N | | | | | | | U |
| | | T | | | | | | | | | | S |
| | | T | | | | | | | | | | |

# Religions-Tabu

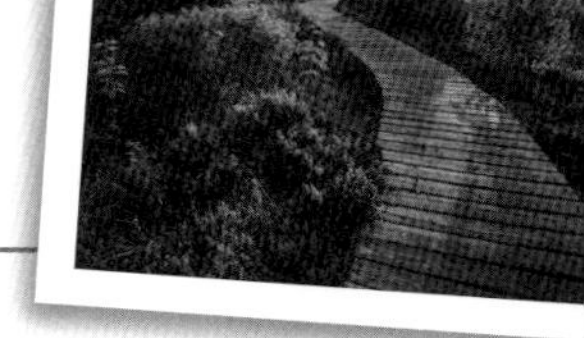

Lehrerhinweise

**Spielart:** Kommunikationsspiel
**Thema:** Fachbegriffe der fünf Weltreligionen
**Ziel:** Fachbegriffe erklären und festigen
**Klassenstufe:** 5–8
**Dauer:** 30 Minuten

**Sozialform:** Gruppenarbeit
**Material:** je 4er-Gruppe einmal die Religions-Tabu-Karten (Vorlage ab S. 126), ein Zeitgeber (Gong o. Ä.), ein Blatt und ein Stift

## Beschreibung

Bereiten Sie im Vorfeld eine Kopie Religions-Tabu-Karten für jeweils eine 4er-Gruppe von Schüler*innen vor. Schneiden Sie die Karten zu. Falls möglich, laminieren Sie die Karten auch, so halten sie länger.
Die vier Schüler*innen setzen sich im Klassenzimmer an einem Tisch zusammen. Sie bilden eine Gruppe und spielen gegeneinander. Die Tabu-Karten werden verdeckt auf den Tisch gelegt. Die Person mit der kleinsten Schuhgröße zieht eine Karte und beginnt, den oberen Begriff auf der Karte für die anderen drei Personen zu erklären, ohne dabei die aufgeführten Tabuwörter oder einen Bestandteil des gesuchten Begriffs zu verwenden. Wer zuerst aus der Gruppe den gesuchten Begriff errät, erhält die Spielkarte und somit einen Punkt. Wird ein Tabuwort verwendet, bekommt niemand einen Punkt.
Die erklärende Person hat eine Minute Zeit, möglichst viele Begriffe lösen zu lassen. Sie darf ebenfalls einen Punkt pro erkannten Begriff für sich verbuchen und auf dem Blatt notieren. Jedes Gruppenmitglied ist einmal mit Erklären dran. Die Person mit den meisten Punkten gewinnt das Spiel. Abschließend können die Spieler*innen noch eigene Tabu-Karten entwickeln. Oder sie zeichnen in ihre Hefte eine Tabelle und ordnen die Begriffe der Karten den jeweiligen Religionen zu und erklären sie.

## Variante

In 4er-Gruppen spielen immer zwei Schüler*innen im Team gegeneinander. Sie setzen sich so hin, dass jeweils eine Person aus jedem Team in die gezogene Karte des anderen Teams schauen kann. So ist sichergestellt, dass niemand ein Tabuwort bei der Erklärung nutzt. Das Team soll so viele Begriffe wie möglich in der vorgegebenen Zeit erklären.

## Reflexion

→ Bei welchen Tabuwörtern war es für dich besonders schwierig, Ersatzformulierungen zu finden?
→ Auf welche der verbotenen Wörter konntest du bei der Erklärung problemlos verzichten?
→ Wer hat bei dir in der Gruppe die meisten Karten erhalten und somit das Spiel gewonnen?

# Religions-Tabu

Kopiervorlage 1/2: Religions-Tabu-Karten

| **Glaube** | **Tod** | **Auferstehung** | **Wasser** |
|---|---|---|---|
| Religion<br>Gott<br>Jesus<br>Wissen | Sterben<br>Himmel<br>Hölle<br>Grab | Jesus<br>Ostern<br>Feiertag<br>Christentum | Trinken<br>Leben<br>Wein<br>Nahrungsmittel |
| **Muslime** | **Gott** | **Weltentstehung** | **Himmel** |
| Mekka<br>Islam<br>Kopftuch<br>Moschee | Prophet<br>Schöpfung<br>Vater<br>Leben | Adam und Eva<br>Schöpfung<br>neues Leben<br>Urknall | Gott<br>Hölle<br>Tod<br>Sterben |
| **Leben** | **Schöpfung** | **Paradies** | **Hölle** |
| Welt<br>Erde<br>Mensch<br>Geburt | Lebewesen<br>Gott<br>Erde<br>Welt | Garten Eden<br>Apfel<br>Baum<br>Adam und Eva | Tod<br>Himmel<br>Feuer<br>Teufel |
| **Religion** | **Gebetshaus** | **Freitagsgebet** | **Koran** |
| Islam<br>Christentum<br>Judentum<br>Glaube | beten<br>Moschee<br>Kirche<br>Synagoge | Islam<br>Moschee<br>Pflichtgebet<br>Muslime | Gebetsbuch<br>Islam<br>Muslime<br>lesen |
| **Feiertag** | **Schabbat** | **Religionslehre** | **Bibel** |
| Bayram<br>Weihnachten<br>Ostern<br>Schabbat | Judentum<br>Feiertag<br>Ruhetag<br>siebter Wochentag | Philosophie<br>Glaube<br>evangelisch<br>katholisch | Christentum<br>Gebetsbuch<br>Zehn Gebcte<br>Religion |
| **Christentum** | **Menschen** | **Fasten** | **Beichte** |
| Weihnachten<br>Ostern<br>Kreuz<br>Jesus | Gottesschöpfung<br>Lebewesen<br>Tiere<br>Pflanzen | Ostern<br>Ramadan<br>Bayram<br>Essen und Trinken | Beichtstuhl<br>Kirche<br>Sünde<br>katholisch |

# Religions-Tabu

Kopiervorlage 2/2: Religions-Tabu-Karten

| | | | |
|---|---|---|---|
| **Thora**<br>Judentum<br>Gebetsbuch<br>Stern<br>Synagoge | **Nächstenliebe**<br>Christentum<br>Kirche<br>Zehn Gebote<br>Kreuz | **Synagoge**<br>Judentum<br>Gottesdienst<br>Gemeinde<br>Thora | **Kirche**<br>Christentum<br>Gottesdienst<br>Gemeinde<br>Gebetshaus |
| **Zehn Gebote**<br>lügen<br>stehlen<br>Vater und Mutter<br>Christentum | **Fünf Säulen**<br>Islam<br>Regeln<br>Gesetze<br>Paradies | **Regenbogen**<br>bunt<br>Menschen<br>Himmel<br>Gott | **die Tochter des Pharaos**<br>Mose<br>Fluss<br>retten<br>Wasser |
| **brennender Dornbusch**<br>Gott<br>Mose<br>erscheinen<br>Blume | **Aaron**<br>Bruder<br>Sohn<br>Mose<br>Familie | **Josua**<br>Nachfolger<br>Mose<br>Führer<br>Israel | **Mirjam**<br>Mose<br>Schwester<br>Tochter<br>Familie |
| **zehn ägyptische Plagen**<br>Finsternis<br>Hagelsturm<br>Erstgeborene<br>sterben | **Kopftuch**<br>Frau<br>Muslime<br>Islam<br>Bedeckung | **Zuckerfest**<br>Feiertag<br>Muslime<br>Opferfest<br>Bayram | **halal**<br>Fleisch<br>rein<br>schlachten<br>Tier |

# Wer kann religiöser?

Lehrerhinweise

**Spielart:** Quizspiel

**Thema:** Weltreligionen

**Ziel:** Wiederholung und Festigung des Wissens zu den Weltreligionen

**Klassenstufe:** 5–8

**Dauer:** 30 Minuten

**Sozialform:** Gruppenarbeit

**Material:** je 5er-Gruppe einmal die Fragekarten (Vorlage ab S. 129)

## Beschreibung

Kopieren Sie vorab für jede 5er-Gruppe einmal die Fragekarten. Bei diesem Spiel sollte eine Gruppe so zusammensitzen, dass die Spielleitung und ein*e Kandidat*in sich gegenüber sitzen. Die anderen drei Gruppenmitglieder setzen sich als Publikum in einer Reihe dahinter. Bereiten Sie das Klassenzimmer entsprechend vor. Die Schüler*innen spielen in ihrer Gruppe nach den Regeln von „Wer wird Millionär" miteinander. Eine Person übernimmt die Spielleitung und liest die Fragen vor, eine weitere Person ist der*die Kandidat*in und beantwortet die Fragen. Die Person hat zudem drei Joker, die sie einsetzen kann.

- → Einmal kann sie den Telefonjoker einsetzen und die Lehrkraft „anrufen", also Sie um Rat bitten.
- → Der zweite Joker ist der Publikumsjoker, er bedeutet, dass der*die Kandidat*in ein zuhörendes Gruppenmitglied befragen kann.
- → Beim dritten Joker, dem Wegfalljoker, wird eine falsche Antwort von der Spielleitung weggestrichen. Der*die Kandidat*in hat nur noch zwei Antwortmöglichkeiten, zwischen denen er*sie wählen muss.

## Hinweis

Die Schüler*innen können auch selbst Fragekarten zu diesem und anderen Themenbereichen entwickeln. Somit erstellt die Klasse eigene Fragekarten für weitere Spielstunden.

## Variante

Die Fernsehsendung wird vor der Klasse nachgestellt. Eine Person übernimmt die Rolle der Kandidatin beziehungsweise des Kandidaten, eine andere wird zur Spielleitung. Alle anderen sind Zuschauer*innen. Beim Publikumsjoker holt sich der*die Kandidat*in dann aus dem Publikum ein Votum per Handzeichen ein.

## Reflexion

- → Bei welcher Frage habt ihr in der Gruppe einen Joker eingesetzt?
- → Wie war das Spiel für dich? Warst du einmal Kandidat*in? Warst du einmal Spielleitung? Bist du einmal als Joker befragt worden?
- → Welche Joker sind am liebsten eingesetzt worden?

# Wer kann religiöser?

Kopiervorlage 1/2: Fragekarten

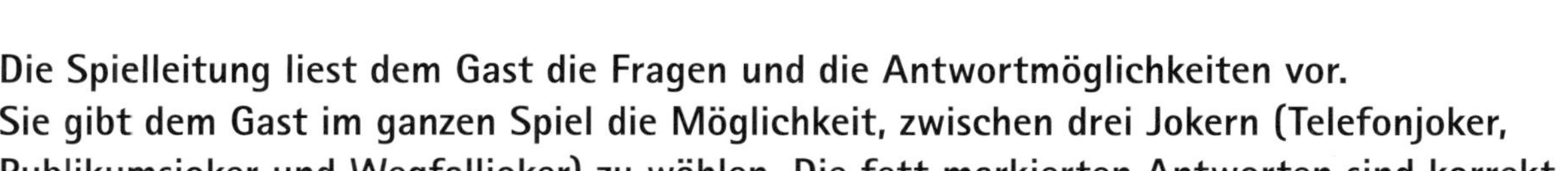

**Die Spielleitung liest dem Gast die Fragen und die Antwortmöglichkeiten vor. Sie gibt dem Gast im ganzen Spiel die Möglichkeit, zwischen drei Jokern (Telefonjoker, Publikumsjoker und Wegfalljoker) zu wählen. Die fett markierten Antworten sind korrekt.**

### Was bedeutet das Wort „halal"?

A) lecker
B) vom Schwein
**C) rein**

### In welcher Sprache ist die Thora geschrieben?

A) ägyptisch
B) altdeutsch
**C) hebräisch**

### Wie heißt die wichtigste jüdische Stadt?

**A) Jerusalem**
B) Mekka
C) Rom

### Wer ist der jüdische Messias?

A) Mohamed
B) Jesus
**C) sein Kommen steht noch bevor**

### Wie heißt das Versammlungshaus der Juden?

A) Kathedrale
**B) Synagoge**
C) Moschee

### Was bedeutet „Schalom"?

**A) Frieden**
B) Guten Tag
C) Freude

### In welchem Teil der Bibel wird vom Leben Jesu berichtet?

A) Im Alten Testament
**B) Im Neuen Testament**
C) im mittelalten Testament

### Wer sind die Eltern von Jesus?

A) Aaron und Maria Magdalena
**B) Josef und Maria**
C) Abraham und Elizabeth

### Wie werden die Weisen genannt, die dem Jesuskind in der Krippe huldigen?

A) die heiligen sieben Samariter
B) die heiligen vier Prinzen
**C) die heiligen drei Könige**

### Wer war zur Zeit der Geburt Jesu Kaiser von Rom?

**A) Augustus**
B) Nero
C) Vespasian

# Wer kann religiöser?

Kopiervorlage 2/2: Fragekarten

**Welches Gebot zählt nicht zu den Zehn Geboten?**

A) Du sollst nicht stehlen.
B) Du sollst Vater und Mutter ehren.
C) **Du sollst den Armen helfen.**

**Welches Zeichen setzte Gott für seinen Bund mit den Menschen?**

A) **Regenbogen**
B) Wolke
C) Regen

**Wie erschien Gott dem Mose?**

A) im Traum
B) als Schatten
C) **in einem brennenden Dornbusch**

**Auf welchem Berg empfing Mose die Zehn Gebote?**

A) **Sinai**
B) Ararat
C) Tabor

**Wer wurde Moses Nachfolger als Führer Israels?**

A) **Josua**
B) Jonatan
C) Josaja

**Wie hieß die Schwester von Mose?**

A) Ester
B) Judit
C) **Mirjam**

**Was gehört nicht zu den zehn ägyptischen Plagen?**

A) **Überschwemmung**
B) Finsternis
C) Hagelsturm

**Wie viele Bücher Mose gibt es?**

A) drei
B) **fünf**
C) sieben

**Wie hieß der Bruder von Mose?**

A) Ali
B) Musa
C) **Aaron**

**Wer rettet Mose aus dem Fluss?**

A) **die Tochter des Pharaos**
B) ein ägyptischer Soldat
C) ein Lederhändler

# Sinn-des-Lebens-Abc

Lehrerhinweise

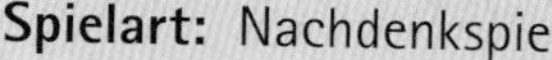

**Spielart:** Nachdenkspiel

**Thema:** Was ist Sinn des Lebens?

**Ziel:** über sich und sein Leben nachdenken und passende Wörter finden

**Klassenstufe:** 5–10

**Dauer:** 30 Minuten

**Sozialform:** Partnerarbeit

**Material:** je Schüler*in ein Abc-Blatt (Vorlage S. 132), Block und Stift, je 2er-Team ein Zeitgeber für 30 Sekunden (z. B. Sanduhr)

## Beschreibung

Kopieren Sie im Vorfeld für jede*n Schüler*in ein Abc-Blatt. Die Schüler*innen spielen zu zweit gegeneinander. Sie bekommen ein Abc-Arbeitsblatt und notieren zu jedem Buchstaben im Alphabet abwechselnd ein Wort, das für sie etwas mit Sinngebung im Leben zu tun hat. Sie sollten dabei vor Augen haben, dass Herz, Kopf und Bauch eine Rolle spielen, beispielsweise in Form von Gesundheit, Liebe, Geld, Kindern, Haus usw. Die jüngste Person beginnt mit dem Buchstaben A. Braucht eine Person länger als 30 Sekunden für einen Buchstaben, ist die andere Person dran, denselben Buchstaben zu lösen. Die Schüler*innen stoppen abwechselnd die Zeit. Wer am meisten Begriffe auf seinem Abc-Blatt stehen hat, hat gewonnen.

## Hinweis

Bei den Buchstaben Q, X und Y ist die Wortfindung schwierig. Daher können diese Buchstaben auch nur im aufgeschriebenen Wort vorkommen. Sie müssen nicht am Wortanfang stehen.

## Variante

Die Schüler*innen können auch zu dritt spielen, eine Person übernimmt dann die Spielleitung und ist Zeitwächter*in. Die zwei anderen Personen haben jeweils das Abc-Blatt vor sich und spielen gegeneinander. In jeder Runde bekommt die Person 30 Sekunden Zeit, so viele Buchstaben mit „sinngebendem" Inhalt zu füllen wie möglich. Anschließend können die Schüler*innen aus ihren Wörtern einen Text zu der Frage „Was ist für dich der Sinn des Lebens?" verfassen.

## Reflexion

- → Bei welchen Buchstaben ist dir schnell ein passendes Wort eingefallen?
- → Bei welchen Buchstaben war es schwierig, schnell ein passendes Wort zu finden?
- → Welchen Lebensbereichen kannst du die gefundenen Wörter zuordnen? (Freundinnen und Freunde, Familie, Job, Gesundheit, Wohlstand usw.)
- → Inwiefern hat deine Antwort mit Werten zu tun?

# Sinn-des-Lebens-Abc

Kopiervorlage: Abc-Blatt

**Notiere zu jedem Buchstaben im Alphabet abwechselnd ein Wort, das für dich etwas mit Sinngebung im Leben zu tun hat. Du sollst bedenken, dass dein Herz, Kopf und Bauch eine Rolle spielen, wenn es um den Sinn des Lebens geht: z. B.: Gesundheit, Liebe, Geld, Kinder, Haus ...**

Die jüngste Person beginnt mit dem Buchstaben A und notiert ihr Wort dazu. Dann geht es im Wechsel weiter. Braucht eine Person länger als 30 Sekunden für einen Buchstaben, ist die andere Person dran, denselben Buchstaben zu ergänzen. Ihr stoppt abwechselnd die Zeit. Wer am meisten Begriffe auf seinem Abc-Blatt stehen hat, hat gewonnen.

**Tipp, woran du in diesem Zusammenhang denken kannst: Wie kannst du mit deinen Fähigkeiten die Welt verbessern? Welchen Lebenstraum hast du? Wann bist du glücklich und zufrieden?**

| | | | |
|---|---|---|---|
| A | | N | |
| B | | O | |
| C | | P | |
| D | | Q | |
| E | | R | |
| F | | S | |
| G | | T | |
| H | | U | |
| I | | V | |
| J | | W | |
| K | | X | |
| L | | Y | |
| M | | Z | |

**Was ist Sinn des Lebens? Verfasse einen Text mit deinen gefundenen Wörtern!**

# Domino der Schöpfungsgeschichte

Lehrerhinweise

**Spielart:** Nachdenkspiel
**Thema:** Schöpfungsgeschichte
**Ziel:** die Schöpfungsgeschichte den Tagen und Bildern zuordnen
**Klassenstufe:** 5–10
**Dauer:** 30 Minuten
**Sozialform:** Partnerarbeit
**Material:** je 2er-Team einmal die Dominokarten (Vorlage ab S. 134)

## Beschreibung

Kopieren Sie im Vorfeld für jedes 2er-Team einmal die Dominokarten und schneiden Sie sie zu. Falls möglich, laminieren Sie die Karten auch, so halten sie länger. Zwei Personen spielen gegeneinander. Die Dominokarten sind in zwei Felder eingeteilt. Auf den Feldern sind jeweils eine Zahl (es gibt jeweils eine für jeden der sieben Schöpfungstage), eine kurze Geschichte oder ein passendes Bild zu einem Schöpfungstag abgebildet.
Die zwölf Karten werden gemischt und gleichmäßig verteilt. Es beginnt die Person, die die Start-Karte besitzt. Abwechselnd legen die Schüler*innen eine passende Karte ab. Das Spiel geht so lange weiter, bis eine komplette Geschichte in der richtigen Reihenfolge, bestehend aus Zahl, Bild und Geschichte, auf dem Tisch liegt: Zahl 1/Bild 1, Text 1/Zahl 2, Bild 2/Text 2, Zahl 3/Bild 3, Text 3/Zahl 4, Bild 4/Text 4 usw.
Gewinner*in ist die Person, die keine Karten mehr auf der Hand hat. Die Schüler*innen können den Text ins Heft übertragen. Anschließend können sie zu jedem Schöpfungstag ein Bild malen.

## Hinweis

Sie können Genesis Kapitel 1,1 bis 2,4 a vorlesen. Außerdem gibt es diverse vereinfachte Texte zur Schöpfungsgeschichte, beispielsweise von Eva Zoller Morf. Es gibt auch Lieder zum Thema.

## Variante

Die Schüler*innen spielen zu zweit und erhalten drei Dominokarten auf die Hand, der Rest liegt verdeckt auf dem Tisch. Wenn eine Person keine weiteren Karten mehr legen kann, muss sie eine Karte ziehen. Wenn die Person immer noch keine passende Karte hinlegen kann, ist die andere Person dran. Alternativ können Sie Bilder vorgeben und die Schüler*innen ordnen sie den Schöpfungstagen von Montag bis Sonntag zu.

## Reflexion

→ Fasse die Geschichte zusammen: Wie ist die Welt entstanden?
→ Was können wir heute aus der Schöpfungsgeschichte lernen?
→ Was würdest du an der Schöpfung besonders hervorheben, wenn du ein Schöpfungslob verfassen würdest?

# Domino der Schöpfungsgeschichte

Kopiervorlage 1/2: Dominokarten

| | |
|---|---|
| Die Schöpfungsgeschichte | Start |
| 1 | Himmel und Erde 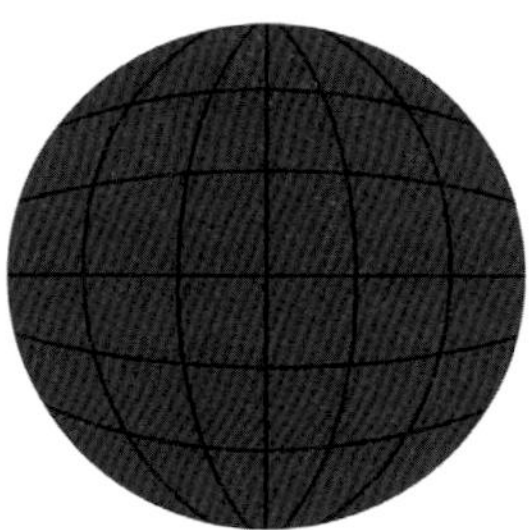 |
| 3 | Wasser, Land und Pflanzen  |
| Am Anfang schuf Gott Himmel und Erde. Die Erde war finster und sie war leer. Gott schuf das Licht, er nannte es Tag und die Finsternis nannte er Nacht. | 2 |
| Gott trennte das Wasser vom Land. Das Land und die Pflanzen waren nun auf der Erde. | 4 |
| Meer, Luft, Wasser  | Das Meer kommt auf die Welt. Gott trennt die Luft vom Wasser. Er schuf Himmel und Wolken. |

# Domino der Schöpfungsgeschichte

Kopiervorlage 2/2: Dominokarten

| | |
|---|---|
| 7 | Gott ruht!  © afeb orlando – Shutterstock.com |
| 5 | Fische, Tiere im Meer, Vögel in der Luft  © BarsRsind – Shutterstock.com |
| Sonne und Sterne, Tage und Jahre  © afeb orlando – Shutterstock.com | Gott schuf Sonne für den Tag und Sterne für die Nacht. Er bestimmt somit über Tage und Jahre. |
| Gott schuf die Fische und die Tiere im Meer und ebenso die Vögel oben in der Luft. | 6 |
| Landtiere, Mensch  © BarsRsind – Shutterstock.com | Gott schuf die Landtiere und anschließend den Menschen. |
| Gott hielt Ruhe und beendete das Schöpfungswerk. Dieser Tag soll ein Feiertag sein. | Ende |

# Frage sucht Antwort

Lehrerhinweise

**Spielart:** Meinungsabfrage
**Thema:** Lebensfragen
**Ziel:** einen Standpunkt formulieren und vertreten
**Klassenstufe:** 5–10
**Dauer:** 30 Minuten
**Sozialform:** Partnerarbeit
**Material:** Doppelfragekarten (Vorlage ab S. 137), je Schüler*in ein DIN-A4-Blatt und ein Stift

## Beschreibung

Kopieren Sie im Vorfeld die Doppelfragekarten und schneiden Sie sie zu. Falls möglich, laminieren Sie die Karten auch, so halten sie länger.
Die Lehrkraft verteilt alle Fragekarten. Jeweils zwei Schüler*innen bekommen per Zufallsprinzip eine Karte mit der gleichen Frage. Die Beteiligten haben 10 Minuten Zeit, ihre Gedanken und Ansichten zu ihrer Frage zu notieren.
Nach 10 Minuten liest die Lehrkraft eine der Fragen laut vor und die zwei Personen mit der gleichen Fragekarte geben ihre individuellen Antworten dazu. Es kann jedes Mal nach einer Frage-und-Antworten-Runde in der Gruppe eine Befragung zum Thema oder eine Diskussion durchgeführt werden. Insgesamt stellen Sie so nach und nach die 15 Fragen und bekommen für jede Frage von mindestens zwei Personen eine Haltung mitgeteilt.
Bei diesem Spiel haben die Schüler*innen die Aufgabe, ihre Meinung zu formulieren. Darüber hinaus erkennen sie auch, wie unterschiedlich Perspektiven sein können – manchmal auch, wie ähnlich sie sein können.

## Reflexion

- → Wie ging es dir bei der Beantwortung deiner Frage?
- → Wie ging es dir dabei, als du jemand anderes Antwort auf deine Frage gehört hast? Welche Gedanken der*des anderen haben dich überrascht?
- → Auf welche der 15 Fragen hättest du am liebsten geantwortet? Was hättest du gesagt? Kannst du Gedanken derjenigen, die tatsächlich auf die Frage geantwortet haben, nachvollziehen?

# Frage sucht Antwort

Kopiervorlage 1/2: Doppelfragekarten

| | |
|---|---|
| 1. Wer bin ich? | 1. Wer bin ich? |
| 2. Was kommt nach dem Tod? | 2. Was kommt nach dem Tod? |
| 3. Was ist gut? Was ist böse? | 3. Was ist gut? Was ist böse? |
| 4. Existiere ich wirklich? Begründe deine Meinung! | 4. Existiere ich wirklich? Begründe deine Meinung! |
| 5. Was würde ich tun, wenn ich unsterblich wäre? | 5. Was würde ich tun, wenn ich unsterblich wäre? |
| 6. Was würde ich tun, wenn ich unsichtbar wäre? | 6. Was würde ich tun, wenn ich unsichtbar wäre? |
| 7. Was würde ich tun, wenn ich Millionärin oder Millionär wäre? | 7. Was würde ich tun, wenn ich Millionärin oder Millionär wäre? |
| 8. Welche drei Dinge würde ich auf eine einsame Insel mitnehmen? | 8. Welche drei Dinge würde ich auf eine einsame Insel mitnehmen? |

# Frage sucht Antwort

Kopiervorlage 2/2: Doppelfragekarten

| | |
|---|---|
| 9. Was ist Sinn des Lebens? | 9. Was ist Sinn des Lebens? |
| 10. Ist Sterbehilfe moralisch vertretbar? Begründe deine Meinung! | 10. Ist Sterbehilfe moralisch vertretbar? Begründe deine Meinung! |
| 11. Ist Abtreibung moralisch vertretbar? Begründe deine Meinung! | 11. Ist Abtreibung moralisch vertretbar? Begründe deine Meinung! |
| 12. Ist künstliche Intelligenz eine Gefahr für die Menschheit? Begründe! | 12. Ist künstliche Intelligenz eine Gefahr für die Menschheit? Begründe! |
| 13. Ist ein Tierleben genauso viel Wert wie ein Menschenleben? Begründe! | 13. Ist ein Tierleben genauso viel Wert wie ein Menschenleben? Begründe! |
| 14. Ist es in Ordnung, manchmal zu lügen? Begründe! | 14. Ist es in Ordnung, manchmal zu lügen? Begründe! |
| 15. Gibt es das Schicksal? Begründe! | 15. Gibt es das Schicksal? Begründe! |

# Kick das Wort

Lehrerhinweise

**Spielart:** Nachdenkspiel
**Thema:** Religion und Glaube
**Ziel:** Fachbegriffe wiederholen und erklären
**Klassenstufe:** 5–10

**Dauer:** 30 Minuten
**Sozialform:** Einzel- und Partnerarbeit
**Material:** je Schüler*in ein Kick-das-Wort-Spielblatt (Vorlage S. 140) und ein Stift

## Beschreibung

Kopieren Sie je Schüler*in einmal das Kick-das-Wort-Spielblatt. Auf diesem befinden sich viele Begriffe zum Thema Religion und Glaube. Jeweils vier stehen zusammen, allerdings passt ein Wort thematisch nicht in die Reihe. Dieses Wort müssen die Schüler*innen wegstreichen und rauskicken. In Partnerarbeit gehen sie anschließend das Spieleblatt durch und erklären einander abwechselnd, welche Begriffe sie für zusammengehörig halten. Am Ende können Sie für alle Schüler*innen auflösen, welche Begriffe zueinander passen und welche Begriffe gekickt werden müssen. Hier finden Sie eine Übersicht der falschen Begriffe:

| Gott | Kirsche | Prophet |
|---|---|---|
| Buch | Fleisch | Feiertag |
| Kopfbedeckung | Berge | Jesus |
| Konservative | Arabisch | Kreuz |
| Mittwoch | Mitglieder | Religionseintritt |
| ungläubig | Papst | Ramadan |
| Freitag | Ideal | Sonntag |

## Variante

Die Klasse kann selbst aktiv werden und zu dem Thema Religion und Glauben ein eigenes „Kick das Wort" erstellen.
Beispiel „Kick das Wort" zum Judentum:

1. Israel — Jerusalem — Kanna — ~~Brüssel~~
2. Kippa — ~~Moschee~~ — Menora — Tora
3. Laubhüttenfest — Chanukka — Pessach — ~~Ostern~~

Im Anschluss an ein solches Spiel können sie auch Steckbriefe zu den fünf Weltreligionen erstellen. Das Spiel kann aber auch auf andere Themenbereiche angewandt werden.

## Reflexion

→ Bei welchen Begriffen ist es euch schwergefallen, ein Wort zu kicken?
→ Welche eigenen Bespiele habt ihr gefunden?
→ Welche Gemeinsamkeiten und Unterschiede habt ihr festgelegt?

# Kick das Wort

**Kopiervorlage: Kick-das-Wort-Spielblatt**

| | | |
|---|---|---|
| Judentum<br>Christentum<br>Islam<br>Gott | Moschee<br>Synagoge<br>Kirche<br>Kirsche | Jesus<br>Prophet<br>Moses<br>Mohammed |
| Koran<br>Tora/Tanach<br>Buch<br>Bibel | halal<br>koscher<br>rein<br>Fleisch | Chanukka<br>Ostern<br>Opferfest<br>Feiertag |
| Kippa<br>Takke<br>Turban<br>Kopfbedeckung | Mekka<br>Berge<br>Jerusalem<br>Tempel | Jahwe<br>Gott<br>Allah<br>Jesus |
| Arabisch<br>Konservative<br>Hebräisch<br>Latein | Davidstern<br>Kreuz<br>Arabisch<br>Mondsichel | Orthodoxe<br>Sunniten<br>Katholiken<br>Kreuz |
| Mittwoch<br>Sonntag<br>Samstag<br>Freitag | Südostasien<br>Indien<br>Indonesien<br>Mitglieder | Mutter<br>Religionseintritt<br>Taufe<br>Vater oder Bekenntnis |
| ungläubig<br>Jüngstes Gericht<br>Urteil Gottes<br>Nirwana | Kafir<br>Ungläubige<br>Nicht-Hindu<br>Papst | Ramadan<br>Rabbiner<br>Papst<br>Brahmane |
| Weihnachten<br>Id al-Fitr<br>Dipawali<br>Freitag | Karma<br>5 Säulen<br>10 Gebote<br>Ideal | Pfingsten<br>Lichterfest<br>Sonntag<br>Rosch ha-Schana |

# Quellen und Medientipps

## Literatur

*Brüning, Barbara (Hrsg.)*
**Ethik/Philosophie Didaktik, Praxisbuch, Sek I + II**
Cornelsen, 2016
ISBN 978-3-589-15027-4
→ *aktuelle Entwicklungen auf dem Gebiet der Philosophiedidaktik*

*Hoffmann, Stefanie und Schott, Hanna*
**Große Fragen für junge Denker**
Verlag an der Ruhr, 2018
ISBN 978-3-8346-3788-8
→ *88 Impulskarten: Religion, Ethik und Philosophie*

*Lehbrink, Antje und KRF KinderRechteForum gGmbH*
**Kinderrechte konkret**
Verlag an der Ruhr, 2022
ISBN 978-3-8346-4894-5
→ *Arbeitsblätter und anschauliche Fallbeispiele zum Anregen und Aktivwerden für die Klassen 7–10*

*Möller, Cordula und Tiedemann, Markus*
**Philosophische Geschichten für Kinder und Jugendliche**
Verlag an der Ruhr, 2018
ISBN 978-3-8346-3814-4
→ *Kopiervorlagen mit Aufgaben und Frageimpulsen zum Nach- und Weiterdenken*

*Piel, Inga*
**Wie soll ich mich entscheiden?**
Verlag an der Ruhr, 2009
ISBN 978-3-8346-0511-5
→ *Dilemmageschichten mit Arbeitsanregungen für Jugendliche*

*Rompa, Regine*
**30 x 90 Minuten – Philosophie/Ethik**
Verlag an der Ruhr, 2014
ISBN 978-3-8346-2525-0
→ *fertige Stundenbilder für Highlights zwischendurch Klasse 7–10*

# Quellen und Medientipps

## Zeitschriften und Artikel

*Abenteuer Philosophie:*
**Wo wohnt die Seele?**
Filosofica, Ausgabe 01/2022
→ *Abenteuer Philosophie verbindet Ideen mit brandaktuellen Themen.*

*Philosophie Magazin:*
**Wer will ich gewesen sein?**
Philomagazin Verlag, Ausgabe Nr. 02/2022
→ *Das Philosophie Magazin greift aktuelle Themen aus der Gesellschaft auf.*

## Internet[10]

www.wiki.zum.de/wiki/Ethik_und_Philosophie
→ *umfangreiche Sammlung im Stil von Wikipedia mit Artikel, Definitionen und weiterführenden (Online-)Adressen*

www.bildungsserver.de/philosophie-und-ethik-4917-de.html
→ *Arbeitsblätter und Unterrichtsmaterialien*

www.srf.ch/kultur/gesellschaft-religion/filosofix
→ *Vorstellung philosophischer Fragen in animierten Gedankenexperimenten*

www.planet-schule.de/wissenspool/knietzsche-der-kleinste-philosoph-der-welt
→ *Wissenspool: Knietzsche, der kleinste Philosoph der Welt*

www.bpb.de
→ *Aktuelle und historische Themen werden mit Veranstaltungen, Printprodukten audiovisuellen und Online-Produkten veranschaulicht.*

www.wirlernenonline.de
→ *Methoden und Tools, praxisnahe Beispiele und Bildungskonzepte*

www.schulentwicklung.nrw.de
→ *Kernlehrplan Praktische Philosophie RdErl. d. Ministeriums für Schule und Weiterbildung für die Sekundarstufe I*

[10] Die abgebildeten Links führen zu den Angeboten dieser Drittanbieter. Die dort aufgeführten Drittinhalte entziehen sich daher dem Einfluss von Verlag und Autorin. Diese sind nicht verantwortlich für die Richtigkeit und Rechtmäßigkeit der dort bereitgestellten Drittinhalte. Sämtliche Links dienen ausschließlich der Zugangserleichterung und Zusammenfassung zu den Drittangeboten – der Verlag macht sich die Drittinhalte nicht zu eigen.

# Raum für Notizen

## Weitere Materialien zum Thema „Philosophie“:

*30 x 90 Minuten*

### Philosophie/Ethik

Fertige Stundenbilder für Highlights zwischendurch
Klasse 7-10

*Regine Rompa*

### Große Fragen für junge Denker

88 Impulskarten: Religion, Ethik und Philosophie

*Stefanie Hoffmann, Hanna Schott*

### Wie soll ich mich entscheiden?

Dilemmageschichten mit Arbeitsanregungen für Jugendliche

*Inga Piel*